JN161600

モラハラ環境を生きた人たち

谷本恵美

而立書房

装　丁
瀬古泰加

はじめに

家庭や職場のパートナーから、ことあるごとに侮蔑され、否定されて、自分の考え方や感じ方はおかしいのだろうかと自信がなくなっていたある日、あなたはモラルハラスメント（以下、モラハラと記すことあり）という言葉に出会い、「もしかすると自分はその被害者なのでは」と、ふと気づきました。

「このわけのわからない苦しさは、モラハラという攻撃を受け続けてきたからだったのだ」

「自分の心の問題に向き合わずに、その問題を自分で処理しようとせずに、ターゲットを決めて流し込む人たちがいるのだ」

「身体的暴力がなくとも、自分が受けてきたものは暴力だったのだ」

その気づきは、あなたを一瞬ホッとさせます。

しかし、モラハラを受けてきたことによってもたらされた精神的影響は続きます。自分が置かれている状況にモラハラという名前がついても、それだけでは心に受けてきた傷は癒やされません。その後も、様々な段階（モラハラ攻撃の渦中にいる段階、モラハラ攻撃からの解放を目指す段階、そして解放された後の段階）での苦しみに悩まされます。

モラハラという言葉との出会いによって、本も読みました。インターネットで調べもしました。それはまるで自分のことが書かれているかのようでした。本にもネットにも、「加害者」から離れましょうと書かれているので、この苦しみから逃れるために離れもしました。離れればすぐに楽になれると思っていたのにちっとも楽になりません。

それどころか、余計に苦しくなってくる。自分がどんな人間だったのかさえわからなくなり、自分がどんどん嫌いになっていく。

「やはり私に原因があったのかもしれない」「モラハラが原因だと思ったけれど、本当は違ったのではないか？　私に問題があるから、彼（彼女）はあんな風に怒ったのではないか」……〝加害者〟*から離れ、今はモラハラ攻撃を受けない生活を送っているのに、いつまでたっても心が軽くならない。

「なぜ彼（彼女）はモラハラをするようになったのだろう」「私が彼（彼女）をあんなにしたのではないという確信が欲しい」「二度とモラハラの被害者にならないようにしなければ」……さらに、モラハラについて調べることに夢中になる人がいます。

被害者は誰でも、自分の受けていた被害がどのようなことだったのか知りたいと、一度はこの「夢中になる時期」を通りますが、いつまでもモラハラに夢中になり続けることは、自分が今するべき何かを置き去りにしていることになります。そして同時に、離れたはずのモラハラ環境に自ら居続けていることになるのです。

モラハラパーソナリティから離れてからのほうが精神的に不安定で、全く自信が持てなくなっている。ちょっとしたことで涙があふれてきたり、なかなか寝つけなかったり、自分はおかしくなってしまったのではないかと感じる……「今の方が辛い」「今の方が、心が不安定な気がする」そう語るモラハラ被害経験者たち。決してその人がおかしいとか、おかしくなったとかいうわけではありません。長い間、じわじわと傷ついてきた心は、安心とともに、離れてから痛み出すこ

＊ 本書では「加害者」を「モラハラパーソナリティ」と記しています。

モラハラ的言動は、人のその時の心の状態によって、ついしでかしてしまうことがあります。そして普通は、自分のそうした言動に気づき、落ち込んだり、反省したりします。しかしそのため被害者がモラハラについて話しても「よくあること」と、モラハラの怖さが見逃されてきました。

しかし、モラハラという行動を、自分のために、自分の心の問題を他者になすりつける手段として用い、そしてそのことについて、決して反省したりすることなく、当たり前のこととして用い続ける人達がいます。そうした人間こそ問題であり、モラハラパーソナリティと呼ぶことによって区別しています。

それは、私が作り出したひとつの表現です。

とが多いのです。

安心したからこそ、傷ついていた心が、やっと自分の「傷つき」を感じ、痛みを訴えはじめたのです。草むらのなかを必死で走っていた人が、草むらを抜け出たとき、自分の手足の傷に気がつき、やっと痛いと感じるのと同じようなものです。安全な所に出てきた今だからこそじっくりと傷の手当てができるのです。

「今の方が辛い」のは、モラハラという攻撃を受けていた最中は、傷《いた》みに気づくゆとりもなかったからです。それに気づいてしまうとその場所にいられなくなるので、気づかないふりをしてきた、ということなのです。痛みを感じなかったのは、被害者が感覚を麻痺させていたからなのです。辛い、しんどいと感じる心や感覚をあなたは今、やっと取り戻したのです。

しかし、それをほったらかしにしてしまうと、被害経験で傷ついた心が、そのままその人のパーソナリティになってしまいかねません。傷ついた心は、意外な形で悲鳴をあげます。落ち込んだりうつ状態になったりというだけでなく、常に怒りを抱えていたり、人を信用できなくなったりと、様々な形で日常生活のなかに表れます。

被害経験者の誰もが通る傷がうずく時期。その時期は数年のこともあれば、数十年のこともあります。傷つきの時代と自覚しないままパーソナリティ化し、まるで心からダラダラと血を流すようにしながら生きる人もいます。

モラハラの被害で受けた傷は、たやすく癒えるものではありません。しかし、その傷つきの時代を恐れる必要もありません。傷ついている自分を自覚してしっかりケアしていくことが、もっとも大切なのだと、カウンセラーとして多くのモラハラ被害者に関わってきて痛感しています。

モラハラというものの存在を知ろう。モラハラという攻撃から離れよう。これまで出されてきたモラハラ関連の書籍ではそうした内容がメインに書かれてきました。

本書では、モラハラ被害後に誰しも経験する、被害者としての心のうずきに焦点を当てていきます。モラハラから離れた後のケアがいかに大切か、それを怠ると、どのような影響があるのかを知っていただくために。そして、心のケアを実践していただくために。

目次

序　身近にあふれるモラルハラスメント

モラルハラスメントという、自分の心の問題を他者に流し込む手段として行われる攻撃があることは、広く知られるようになりました。本書ではそうした攻撃を受けた人の心に焦点をあてていますが、まず日常生活で見られるモラルハラスメントの典型的なものを記しておきます。

(1) 夫婦間のモラハラ

家庭という枠組み、夫婦という関係において行われるモラルハラスメントは、被害者自身も気づきにくく、第三者に見えにくい特徴があります。これをモラルハラスメントの「密室化」といいます。

昨今では、モラハラという言葉の認識が広がるにつれて、「もしかして自分もモラルハラスメントに遭っているのでは……」と気づく人が増えてきました。その反面、自分には当てはまらないと一生懸命信じようとしたり目を背けようとしたりする人もいます。特に夫婦間のモラハラでは、「モラハラ＝離婚」という通年が広まっていて、簡単に離婚するものではない、離婚したら子どもに迷惑を掛けてしまう、と、モラハラ環境のなかで耐え続けてしまう傾向が強いのです。

夫から妻へ、妻から夫へ……いずれの方向へもモラハラは行われていますが、夫から妻へのモラハラ、つまり妻が被害者のケースの方が一般的には注目される傾向にあります。

妻は専業主婦であろうが仕事をしていようが家庭生活を重視するのが当たり前、と世間的にも思われている傾向があり、結婚をしている女性は、生活の中心が家庭になりがちです。妻がモラハラ被害者の場合、モラハラパーソナリティの夫の態度に左右されて仕事をやめてしまったり、実家や友人と疎遠になってしまったりすることも多く、家庭以外の世界を失っていくにつれ、モラハラ環境の密室化がますます強まっていきます。それは、被害者が自分の世界、逃げ込む世界を失い、モラハラ環境に閉じ込められることを意味します。

そうした妻の精神的ダメージは激しく、被害は当然、深刻化します。

夫が被害者の場合は、夫が、職場つまり仕事を重視することは世間的にも容認されやすく、モラハラをする妻も、夫には家庭の経済のためにも働いてもらわないといけないので、よほどでない限り仕事を辞めさせることを強いません。そのため、モラハラ攻撃を受けても外の世界へ逃げこむことが比較的可能です。妻が被害者であるケースより、精神的ダメージの深刻化がある程度抑えられます。

ダメージが軽い被害者の大半は、自分の世界を持っており、その世界に没頭できる時間を持っています。

だからといって、毎日のように攻撃を受け続けて心に傷を負い、そしてその傷の回復は非常に困難であるという点では、妻が被害者の場合も、夫が被害者の場合も、なんら変わりはありません。

また、被害者である夫が、被害を逃れるために、家に居る時間を減らしたり、共に居るときは、攻撃を避けるために黙り込んだり、我慢が限界に達して怒鳴ってしまったりすると、「家庭を顧《かえり》みない」「話し掛けても返事さえしない。無視というモラハラをする」「私が言ったことに対して怒鳴り返してきた。精神的暴力をふるった」と、被害者の方が加害者であるかのように言われてしまうケースが意外に多く、妻の方が被害者になりやすいという思い込みも手伝って、相談員やカウンセラーといった支援者すら判断を見誤まることがあります。

感受性の豊かな人が、相手の言動に必要以上に傷つき、モラハラという言葉を知ることによって、自分はモラハラをされたと思い込むケースもあります。

誰が加害者で誰が被害者かを判断することは非常に難しいものなのです。

モラルハラスメントの問題は、モラハラかどうかをジャッジすることを求められがちですが、大切なことは、ジャッジすることよりも、傷ついている自分に気づいたならば、自分はどうしたいのかをしっかり見つめ、これからの自分の行動を自分の意思で選択していくということです。

そのためには、時間をかけてもいいのです。悩んでもいいのです。これからどうしたいのかを決められるようになるまで、自分に向き合うことが大切です。

(2) 恋人間《こいびとかん》のモラハラ

恋人の間の暴力は「デートDV」と呼ばれています。夫婦間の暴力と同じく、密室化しやすいものです。

なかでも、身体的暴力のないモラハラは、それが暴力であると認識しないままに受け続け、気がついたときにはかなり深刻化しています。

恋愛関係においてのモラハラは、

「私の彼氏（彼女）は、すぐ焼きもちをやく。それだけ私のことを好いてくれている」

「私のことを思って、色々と注意してくれる。私のことが大切だからだ」

「私が今どこにいるか、今日何をしたか、逐一聞いてくる心配性だ。私は愛されている」など、これが彼（彼女）なりの愛情表現なのだと、相手からの攻撃行動を都合よくとらえようとすることでさらに見えにくくなります。

やきもちは独占欲。色々注意してくるのは、あなたを自分の思い通りにしようといったコントロール欲がそこにあるためではないでしょうか。

そして相手に嫌われたくない、相手にもっと好かれたい、相手のすべてを受け止められる自分であることを見せたい、という恋愛独特の感情が、モラハラをよけいに見えにくくしてしまいます。そのために、気がつかないうちにモラハラ環境にどっぷり浸りこんでしまい、相手にどんどん自分の価値観や信念を放棄させられてしまいます。

恋愛関係にある二人は、互いを尊重しあうものです。片方だけの価値観を押しつけたり、片方だけが我慢し続ける恋愛は、やはり健全な恋愛とはいえません。

「相手のために、相手に好かれたいために」と、自分だけを変えていくことはおかしいのではないかと、立ち止まって考えてみてください。

大人になっていく過程、モラトリアム（大人でも子どもでもない時代。心理学者E・H・エリクソンが提唱した概念）の時期にモラハラを受けた場合、人格形成にかなり影響を与えます。自信が持てなかったり、人間関係を築くことが非常に難しくなったりと、一見その人の特性に思われるものも、実はモラハラ被害に遭った影響である場合が多いのです。

愛し愛されていると思っていても、彼（彼女）と一緒にいるとなぜかしんどい、どんどん自分が自分らしくなくなっていくと感じるならば、その相手との関係を見つめ直した方がいいということです。あなたの心が、あなた自身に訴えかけているのです。「そこまで自分を殺してでも続けたい交際ですか?」と。

もしその交際が結婚に発展すれば、間違いなく、あなた自身の価値観や信念は消え失せるでしょう。相手があなたに投げてくる、あなたにとって不快な、しかし「愛情表現としてのジョーク」と言い聞かせている言葉たちは、改まるどころか一層に強まり、これからも延々と続けられることでしょう。

(3) 親子間のモラハラ

親子の問題は、それぞれのパーソナリティの問題、環境などの背景、様々なものを見渡して語っていかねばわからない複雑でデリケートな問題です。特に母親と子どもの問題をモラハラだけで語ることはできません。

確かに親のあり方は、子どもの成長、とくに性格形成に影響を与えます。大人になってから、子ども時代に受けたその影響に苦しむことがあります。しかし、それを自分の親のせいとはなかなか認めることができません。

子どもを手放さない子離れできない親。自分の達成できなかった夢を子どもに託し、「あなたのためを思って言っているのよ」と、自分の価値観やイメージを押しつける親。自分のなかに溜《た》まったストレスをはき出すかのように、必要以上に叱《しか》り飛ばす親。子どもへの精神的影響を考えずに、子どもの行動を頭から馬鹿にして笑う親。

子どもは本来、親の元でもっとも安心して過ごせるはずなのに、こうした親のそばでは緊張し続けて育つことになります。子どもはそんな親であっても愛されたいと、親の顔色を必死で伺い、親の言うことを必死で聞こうとします。親の機嫌に合わせて行動し、子どもらしさをどんどん失っていくのです。大人になっても、そうした子ども時代の影響に苦しむ人はたくさんいます。

そうした親の影響を認める作業に一役買うのが、「毒親」や「モラハラ」といった言葉との出会いです。

「毒親」と呼ばれる未熟な親がいるのだという発見。モラハラパーソナリティと言われる人がいて、そのモラハラ行為のターゲットに我が子を選ぶ人がいるのだという発見。

「自分の親はその『毒親』や『モラハラ』と呼ばれるような未熟な大人だったのだ」という発見はもちろんショックですが、そう気づいたときから「そうした親の影響を一つひとつ、机やタンスに張りつけたシールをはがすように、はがしていっていい」「そうしたパーソナリティの親はあきらめればいい」という視点へと導いてくれ、傷ついた「子どもの心」をケアするきっかけを与えてくれます。

親子という関係性は、「我が子は自分のもの、自分の思い通りにしてもいい、自分がコントロールしてもいい」といった支配欲を、「我が子のために言っているのだ、私は子どものことを心から心配し、愛しているのだ」と、いとも簡単に肯定できてしまいます。

子どもも「自分のためを思ってくれている」と、親のモラハラ行動に意味を持たせて肯定しようとします。親子関係の場合は、この肯定感情が、他の関係のモラハラ以上に強いのです。

子が、親の支配性に気づき指摘しようものなら、「ひどいことを言う親不孝な子」と言われ、完全に否定されてしまいます。親の保護下にある未成年の子どもなら、保護者である親に当然勝ち目があります。

「毒親」や「モラハラ」といった言葉との出会いによって、親の言動のいびつさに気づいた子どもたちですが、すぐに楽になれるわけではありません。これは、どのモラハラ被害者にもいえることですが、今まで「私のためを思って言ってくれている」「私さえ良い子（人）になれば認めてもらえる。私がだめだから相手が怒る（不機嫌になる）のだ」と自分に言い聞かせて信じてきたことが、実は違っていたと気づいた子どもたちは、次から自分にどう言い聞かせればいいのかわからなくなり、苦しみます。

「私は、愛されていなかったのでしょうか。愛されるに値しなかったのでしょうか」

親子関係のモラハラの場合、親子であるが故に苦しみは深いものでしょう。

また、ほんとうに我が子を愛せない親もいます。それどころか自分さえも愛せない親もいます。それは親自身のパーソナリティの問題です。子どもが愛されるに値しなかったわけでは決してありません。しかし、我が子を愛せない親の存在を受け入れていくのは、子どもにとってかなり苦しい作業です。自分がもっとよい子であったなら、そんな親でも愛してくれたのではないか、と愛されるための方法を必死で探し続けるのです。

モラハラをする親は未成熟です。その未成熟な親が、「あなたを愛しているのよ。あなたのためを思って言っているのよ」という言葉に嘘はないのかもしれません。本人も、本気で信じているのかもしれません。ただ、その愛し方が大人の親の愛し方ではないのです。

モラハラパーソナリティについては、『カウンセラーが語るモラルハラスメント』（晶文社、二〇一二年）でも、触れましたが、精神的に未熟な人、葛藤処理やストレス対処が未熟な人たちです。自分にとって大事だ、必要だ、と感じている存在に対し、普通は自分の心の問題を流し込んだりせず、大切に扱います。しかし、未熟な人は、自分の大事な存在をまるで自分の持ち物であるかのように自分のために使うのです。

未成熟な親は、いつまでも我が子と臍《へそ》の緒《お》がつながっていると思っているかのようです。我が子の手と自分の手がまるで溶接されているかのように、自分の一部であるかのように離そうとしません。我が子が自分の思い通りに動いて当たり前と考えています。自分のために存在していると思っているかのようです。子どもを思い通りに動かすためには、子どもが傷つくような言葉も平気で投げかけます。そして、「あなたのために言ってあげているのよ」「こんなことを言ってくれるのは親くらいのものよ」と言うのです。

実はそれらは「私がいないとだめな子でいて」「私の言うことを聞いて、私を親にしてちょうだい」と言っているのです。自分のための言葉なのです。しかもたいていが無自覚です。自覚できるほど成熟していないのです。

どんな親にも、いくつになっても我が子を子ども扱いし、心配でついつい口出ししてしまうところがあります。「空の巣症候群」という言葉がありますが、我が子が自分の世界から巣立っていくとき、どんな親も自分の体の一部をもぎ取られるような痛みと寂しさを抱くものです。成熟している親は、それでも子の自立を心から喜べます。しかし未成熟な親は、少しでも長くテリトリー内に存在させようと、決して手放そうとはしません。それが、彼らの「愛」なのです。さらには、「自分のために存在している」と思っているかのように子どもを私物化していきます。

自分の親がそういう親だったのだと気づいたなら、「親に愛されてこなかった」と嘆くのではなく、「親の愛し方が未成熟だった。その未成熟さに自分は苦しんできた」と考えてください。

親のほうが自分よりずっと精神的に幼いのだ。実は親は子どものままの人だったのだと諦めていく、そして、関係性のいびつさに気づいた側が、親離れ子離れを強行していくことが大切です。

親と距離をとってもいいのです。親の思いにすべて応えようとしなくてもいいのです。未成熟な親の要求には際限がありません。自分がしてあげたいと思ったことだけすればいい。まず自分の人生を大切にし、生き生きと暮らすこと。それが本当の親孝行です。そう思えない親は、あなたがどれだけ尽くしても満足しないのですから。

(4) 職場・コミュニティでのモラハラ

職場では、パワハラ(地位や人間関係で弱い立場の相手に対して行われる攻撃)という言葉が知られていますが、そうした地位、立場は関係なく、同僚同士、部下から上司へという方向にもモラハラは行われます。

指示が日によって全く異なり、指示通りにしていても怒られたり無視されたりが毎日繰り返されるにもかかわらず、被害者は「自分が未熟だから迷惑をかけているのだ」「自分が何かして相手を怒らせたのだろうか」と、自分の内に原因を探します。理由なく心の問題を他人に投げ込む人がいるなどと思ってもみないからです。

たとえ、これはおかしいと思っても、波風を立てたくないと、職場やコミュニティーでのモラハラに被害者は耐え続けます。精神的にズタズタになって、このままではいけないと感じても、「こんなことで仕事を辞めるなんて、コミュニティーに行けなくなるなんて、情けないし無責任だ。それに、自分の方が職場やコミュニティーを去るなんて、そんなの理不尽だ」と思い、ひたすらその環境で耐え続けます。

この場でやりたいこと、手に入れたいものがあるなら、そのために耐えても、致し方ないのかもしれません。そのためには、手に入れたいもののために攻撃を受けても傷つかない、踏ん張るパワーが必要です。

でも、ほんとうに、どうしてもその場所でないとダメなのでしょうか。モラハラ攻撃によって心が壊れてしまうくらいなら、働く場所はそこだけではないことを思い出してください。本当にその場所でなければ手に入れられないものなのかを見つめてみてください。

モラルハラスメントは、あなたが思う以上にあなたの心をむしばみます。

生き生きと働く。それがなにより大事で、そんな職場こそがあなたの力を発揮させるのです。

(5) 静かなモラルハラスメント

乱暴な言葉遣いをされる。激しい罵声《ばせい》を浴びせられる。ものを投げつけて壊す……。インターネットの掲示板などで見られる明らかにモラハラとわかる攻撃の様子は、マニュアルでもあるのではないかというほどとても似通っていて、それを見て「私はモラハラ被害者かも」と気づく人もたくさんいます。しかし、それ以上に恐ろしく、被害が深刻化するのが、「静かなモラルハラスメント」です。

「掲示板などで書かれている様子と比べれば、私なんてまだましな方」「私の状況はモラルハラスメントとまではいえない」そう思っている被害者こそが、実は心に深刻なダメージを受けていることが多いのです。

モラハラという言葉が浸透し、インターネットなどで被害者同士がコミュニティを作ったり、ブログに自らのモラハラ被害について書いたりと、自分以外の人の状態を知る機会が増えました。こうしたことは、「私も被害者かも」と気づく機会が増える良い面がある一方、静かなモラルハラスメントについて気づかせにくくしている側面があります。

激しく罵《ののし》られれば、相手の攻撃性に気づきやすく、第三者にも伝わりやすいでしょう。しかし、静かなモラルハラスメントは、モラハラをされている自覚がなく、じわりじわりと気づかないままに相手にコントロールされ、心に深い傷をおびていくのです。

「本当にあなたはどうしようもないね」と静かな口調であなたを非難する。あなたの仕草やちょっとした言動を失笑したり、何も間違ったことをしたり言ったりしていないのに、顔をしかめたりする。言葉では何も言わないけれどため息をつく。身近な存在に毎日それを繰り返されると、人は徐々に自信をなくしていきます。

何か決定をするとき、あなたの提案に対して、必ず「ほんとうにそれでいいと思っているの？」と、疑問を投げかけてくる。あなたが変化を加えて提案しなおしても、決して良い返事を返さない。それは、相手がすでに決めている内容とは違うからです。「じゃあ、そうしてみよう。本当にそれでいいんだな」と、OKを出すのは、内容が一致したときです。

その決定が良い結果をもたらせば、「私が助言したからだ。あなたの最初の案にしなくて良かったな」となり、うまくいかなければ、「君の決定はいつもこうなるよね」とあなたのせいにする。そうしたやりとりが繰り返され、あなたは知らないうちに、全部自分の責任だと考えるようになっていきます。

また、モラハラパーソナリティが先頭を切って物事を決定したとします。もしそのことが自分のイメージ通りに行かなければ、決定したのはモラハラパーソナリティなのに、「君が乗り気じゃなかったからだ」「本当に僕（私）の提案したとおりにやったのか?」と、責任をなすりつけてきます。あなたがなにか言おうものなら不機嫌な態度になり、あなたに何も言えなくさせます。そんな相手の態度はおかしいと感じていても、脅すでも罵るでもないため、あなたは、「相手に合わせたとはいえ、私が決めたのだから私が悪い」と思い込むようになります。

自分が相手に合わせている、自分が決めたと考えるのは、実は大きな間違いです。あなたの決定は静かなモラルハラスメントによって導き出され作られたものに他ならないのです。「あなたの態度はおかしい気がする」とあなたに言われれば、普通は、自分の態度をふり返ろうとするでしょう。そして、筋違いにあなたのせいにしたり、不機嫌なままでいることはないでしょう。しかし、モラハラパーソナリティは、「君はなんでも私のせいにするんだねえ」と、あなたの言葉に傷ついたとさえ言い、さらに静かにあなたを追い詰めます。

静かなモラルハラスメントの態度や言葉を切り取って他者に説明しても、「長時間不機嫌が続く」と言葉で説明しても、おそらく伝わりません。モラハラパーソナリティ独特の責めるような不機嫌さ、そしてコントロール性は伝わりにくいのです。それどころか、「あなたの気にしすぎ」

と言われてしまいます。あなた自身も「確かにそうなのかもしれない」と思うほど、静かなモラルハラスメントは些細な内容に見え、巧妙なコントロール性があるのです。あなたがどれだけ自分の意見を言える人だとしても、静かなモラルハラスメントを毎日続けられると、あなたは、自分がどうしたいか、どう感じるかということよりも、相手が何をいったらOKを出すか、不機嫌にならないかを始終考えるようになります。

そこにはあなたの価値観や感覚、考えは全く存在しなくなっていきます。それでもあなたはそのことに気づきません。

「あなたのためを思っている」「あなたを尊重している」といった仮面をかぶり、「あなたが選んだ」「あなたは納得したはず」と、コントロールで導き出したあなたのものではない選択や態度を強いる静かなモラルハラスメント。

このような静かなモラルハラスメントを受け続けると、怒鳴り散らして否定される以上に、あなた自身の意見や考えをなくしていくのです。その自覚がないままに。

きつい言葉を投げかけられ続けることも当然辛いですが、この静かなモラルハラスメントこそ、心のダメージは大きく、人格が破壊され、その回復とサポートには時間と技術が必要になるのです。

1　モラハラへの気づき

被害者の辛さ

モラハラ環境を生きた人は、少なくとも三つの時期の辛さに苦しみます。それは、モラハラ環境の渦中にいるときの辛さ、モラハラという言葉に出会って自分のこの先を決断するまでの揺れ動く期間の辛さ、そしてモラハラ環境から脱した後の辛さ、です。

なかでも、モラハラ環境の渦中にいるとき、心の安全を確保することがなによりも大切です。心の安全を確保するための方法として、夫婦関係であれば別居や離婚、職場であれば部署替えや退職といった、物理的にモラハラパーソナリティと距離をおく方法が思い浮かぶと思います。一般に支援者も多くの書籍も、もっとも安全を確保しやすいため、物理的に距離をおく方法を勧めます。夫婦間のモラハラの場合、「モラハラ＝離婚」が解決方法であると広まったのは、安全確保を優先するが故です。私も、カウンセリングの現場で、これ以上モラハラ攻撃に耐えられないだろうと判断した人には、離婚とまで行かなくとも別居を提案することもありました。

しかし、一人ひとりの事情により即座に行動に移すことができない場合も多いでしょう。自分の苦しみはモラハラが原因だったと気づいた後、その先については、本当の意味での自分の決断をする必要があります。本当の意味での自分の決断とは、この先の選択を、私は、こ、う、し、た、い、と いった自分の意思、自分の視点で決定していくということです。

「自分自身で選択した」と心から納得していなければ、後々、様々な弊害に悩まされることになります。詳しくは後に述べますが、誰かに勧められたから、本にこう書いてあったから、経験者が皆こういった選択をしているからということで決めないということです。それこそマニュアルや人のすすめ通りに行動した人は、次の行動もマニュアルやその人の意見を求めてしまうでしょう。その本に次の行動が示されていなかったらどうするのでしょう。支援者はどこまであなたを支援し続けるでしょうか。たいてい、モラハラ攻撃から離れたらそこで終わりなのではないでしょうか。あなたは次の行動を示すマニュアルを探しますか？　次に頼れる相手を見つけますか？

　モラハラの被害者は、自分の意思で物事を決定することができなくなっています。これまではどんな決定をしても、モラハラパーソナリティのイメージ通りでなければ否定されてきました。そして、自分の考えよりも相手が容認するだろう内容を選択する癖が身についています。そのため、指示的なマニュアルや人に従ってしまうことにさほど抵抗を感じません。自分の考えを相手がどう受け取るかを気にしすぎ、相手の顔色をうかがうという習慣はなかなか抜けません。自分に対する信頼を失ってしまっているのです。

そのような状態でものごとを決めてしまうと、自分がイメージしていなかった出来事が起こったとき、自分で決めずにマニュアルや人の指示に従ったという思いから、「あの時の選択は間違っていたのではないか」といった激しい後悔を生んだりします。すると、「モラハラパーソナリティといたときより今のほうが辛い」と心にできた空洞感（拙著『カウンセラーが語るモラルハラスメント』210頁参照）も手伝って、モラハラパーソナリティの元へ戻る被害者も出てきます。また、戻ろうとしても相手にすでに新しいパートナーがいたり、周囲の目があって戻れない場合、「あのときあの人があんな風に言うからだ」とマニュアルや支援者の責任にして、あのときに固執し、愚痴や怒りをためて、日常生活を無駄に過ごしてしまいます。

　自分の意思で決定していても、イメージしていなかった出来事・困難に直面したとき、「本当にこれでよかったのだろうか」という思いはどんな人にも浮かび上がります。「自分自身が決定したのだ」という思いを持てない被害者ならなおさらです。

　モラハラ環境のなかで、被害者は「心理的損傷」を受け、自分で物事を決めていくことができなくなっています。そんな被害者にとってはたとえそれが正しくても、マニュアルや支援者の指示通りの行動をすることは良いと言えないのです。最終的にはそれらが示唆する行動を目指すとしても、この先の自分の生き方を自分で決めたという納得感と、それを引き受けていく覚悟をちゃんと持っている必要があります。そうしていれば、自分がイメージしていなかった出来事が起こっても乗り越えていけます。生きている限り、しんどさのない人生はありません。あのときこうしていればというあのときに固執すると、「経済的に辛い」「子どもの反抗期が辛い」「ひとりが寂しい」などといった、この先訪れるしんどさを、すべてあのときのせいにしてしまいかねません。

自分の意思で決定するためには、モラハラ環境のなかでそぎ落とされてきたもの、閉じ込めてきたものと、そしてモラハラ環境ですり込まれてきたもの、その両方をしっかり見つめてください。この先の人生を歩むために自分はどんな考え方を持ち、どんな行動をしていきたいのかをしっかり見極めていく必要があります。

「本や被害者の掲示板に書いてあるから」「支援者にこう言われたから」ということで「とりあえずそうすれば今のしんどさから逃れられるのだろう」という決め方は絶対にしてはいけません。法律の知識、いざという時の脱出方法のノウハウ、どんなものもあなた自身が次の行動を自分で決めていくための参考資料にすぎません。資料を使いこなせる「心」が戻っていないならば、資料集めに徹してもいいのです。

そして、行動の決定に至るまで、傷ついた心のケアは大切です。攻撃の無いところで、傷ついた心のケアを優先し、人生を左右する決定を自分でできるようになる状態を手に入れることがやはり理想的です。

そぎ落とされ、閉じ込めてきた、様々な自分自身を引っ張り出す作業にかかる時間には、一人ひとり個人差があります。

モラハラ被害者がカウンセリングを利用することのメリットは、安全な場所で、客観的な視点を得ながら、そうした傷ついた心に、ゆっくり根気よく向き合える点です。

気をつけなければならないのは、攻撃を受け続ける環境にいることを危惧するあまり、まだ自分で決めることができない精神状態の被害者に、「離婚」や「退職」を勧めてしまう支援者もいるということです。また、勧めた行動を決断できない揺れ動く被害者に対して、うんざりした態度を示す未熟なカウンセラーや支援者もいます。早急な解決を望みすぎるのです。

「あなたは、依存的だわ。相手がモラハラだとわかっているのに、離れられないあなたの依存的な面をまず反省しなければ」と言われた被害者もいます。

しかし、依存的な傾向にある人は、カウンセリングを利用しようとも思わないでしょう。その人が元々依存的だったというわけではありません。カウンセリングを利用しようと思う人は、自分のなかに違和感があることを受け止め、それに向き合おうとしているのです。

自分が受けていたものがモラハラだったのだ、と気づいた瞬間、すぐに自分を取り戻せる被害者はほとんどいません。自分の本来の価値観や生き方を思い出す作業からまず始めなければなりません。そのための道具としてカウンセリングを選んでいるのです。

取り戻す、思い出すとは言っても、夫婦関係のモラハラにおいて、子どもが生まれて家族構成が変化している場合、先の生活に対する不安は、モラハラ被害者になる以前とは変わっています。独身時代の生活に戻ればいいというのとは違い、子どもを抱えてひとりで生きていく自分というのは、全く未知なものです。全く新しい経験であり、予想や想像できないものが多いですから、その分、心の揺れ動きは激しくなっても当然です。そのことをよく理解して、解決を急がないでください。そして解決を急ぐ支援者からは距離を置いてもいいのです。

被害者心理は、そう簡単に取り除けるものではありません。それは、人生における経験のひとつとして、心のなかにどっしりと居座ると言っても言い過ぎではないでしょう。しかし、その時々の決断を自分の意志で行ったと感じることができれば、時折顔を出す被害者心理と向きあっていくことができます。それどころか、被害経験をこの先の人生に活用していくこともできます。

被害者心理に向き合う方法としては、自分がこの先手に入れたいものと手放してもいいと思っているものをしっかりと見つめることです。時間がかかってもいいのです。心が揺れ動いたらたっぷり揺れ動いてください。

ただ、その揺れ動く作業は傷ついた心をケアするという側面から、なるべくひとりでは行わないほうがいいでしょう。他者の手を借りたり、助言を受けたりする際も、指示して欲しい、他者の助言に従わなければ、という感情に包まれていないか、他者の指示に反射的に従っていないか、敏感になってください。アドバイスを受けても、こういう方法があるのかと、心のメモ帳に記録し、それを使うかどうか決断するのに、一呼吸おくことです。それが支援者やカウンセラーといった専門家を称する人ならばなおさらです。

時間をかけてもいいのです。あなたの人生です。誰にも、あなたの選択をせかしたりする権利はありません。

なかには、モラハラという言葉に出会い、「離婚」「退職」という選択があると思うと、瞬時にして力がわいてきて、行動できたと話す被害者もいます。

これも、被害者の避けるべき反射的行動をしたということになるのでしょうか？　この場合は、ひとまず「火事場の馬鹿力」的にやるべき行動をとったということでしょう。その人の持つ潜在的な力が発揮されたことなので、すばらしいことです。これまで生きてきたなかで身についていた本能的な力（自己防衛本能）が、自分を守るために今何をしたらいいかを瞬時にさとらせたと考えることができます。

しかし、力がわいてきて、自分でも驚くほどに行動できたとしても、心に受けた傷が即座に癒えたわけでは決してありません。

モラルハラスメントという攻撃が与える心理的損傷は、あなたが思っている以上にとても深いものなのです。傷ついた心と向き合う時間を持つことはとても大切です。

被害者は揺れ動く

モラハラ攻撃を受け、否定され続けてきた被害者は、自分でも自分を否定するようになってしまっています。

自分がモラハラ被害者であったと気づき、今の生活から逃れたいという思いがあるのに、なかなかそこから離れられない。自分に自信が持てない。こんな私ではこの先ひとりでやっていくことなんて無理だ、と考えてしまいます。

昨日は「モラハラなんてものがある生活はいやだ、なんとかしたい」と思っていたのに、今日は「いや、やはり相手を怒らせるような私が悪いのではないか」「ひとりで生きてなんていけそうもない気がする」とうつむいてしまう。相反するふたつの思いが存在していることにあなたは困惑するかもしれません。けれども、どちらも今のあなたの思いです。本来のあなたのパーソナリティから生じる心理と、心理的損傷によって引き起こされている「被害者心理」（自分を責める、自信がないといった感情）とを行き来し揺れ動いている状態なのです。この揺れは、かなりしつこく、激しく現れます。自分でもどちらが本当の自分なのかわかりません。

しかしやっかいなことに、被害者心理の方が、まるでその人（被害者）のパーソナリティそのもののような大きな顔をしています。それでも揺れているというのは、モラハラ環境のなかでも破壊されないで、本来のあなたの心が根強く残っているということです。

「被害者はこのような揺れを起こす」と知っている支援者でも、被害者と様々なやりとりをするなかで、被害者心理をその人のパーソナリティだと思ってしまう瞬間があり、投げかける言葉を誤ってしまうことがあります。

「依存的になっているのではないか」「臆病になってはいないか」と、早く前を向かせようと、無自覚に、パーソナリティ否定の言葉を投げかけてしまう支援者もいます。先述した、早急な解決を望んでの状態と言えます。

「そんな風に考えるのは良くないわよ。そんな風に思っていたら前へ進めないわ。そんな考えは棄《す》ててしまいなさい」といわれた被害者がいます。

「おっしゃっていることはよくわかるのですが、すごく落ち込んでしまいました。私って、だめな人間なんだなあって」と、その被害者は言っていました。

被害者は揺れ動くのです。支援者、相談員といった立場の人にそのように言われると、「やはり自分はだめな人間なのだ」「自分が依存的で、弱い人間だから次に進めないのだ」といった思いを強め、その思いから抜け出せなくなってしまいます。そして、自他共にそれがその人のパーソナリティであると信じ込んでしまいます。

モラハラ環境から離れることに協力してくれた家族や友人も、「やはり自分が悪いのかも」と自分を責めたり、やっと周囲の協力によってモラハラ環境から離れることができたのに「戻った方がいいかも」と言い出したりする被害者を見るとうんざりし、距離を置くようになることがあります。

「やはり私はこういう人間になってしまったのだ。いや、もしかすると、元々こういう人間だったのかも知れない」と、被害者はますます思い込むようになります。そして、自分から大切な人々が離れて行くことに対して、非常に孤独感を抱きます。

支援者、相談員といった立場の人は、モラルハラスメントという暴力によって、傷ついた心がどのような動きをするのかをしっかり理解しておかないと、接し方を誤り、被害者が被害者心理を自分のパーソナリティとして固定化させてしまうことに一役買ってしまいかねません。

モラルハラスメントという攻撃のもっとも恐ろしい点は、被害者の性格を変えてしまうことです。変わることは悪いことばかりではありませんが、モラハラによって変えられた性格には苦痛が伴います。そしてその性格の変化がモラハラの影響であることを、本人も周りもなかなか気づかないという特徴があります。

じわりじわりと変わっていくものは、気づきにくいものです。すっかり変わってしまうまで気づかない、それどころか、被害者自身も、身近な人でさえも、もとからそうであったかのように感じてしまいます。モラハラ被害にあう前を知っている人でも「そういう面が元々あったのだろう」と考えてしまうほどなのです。

よくテレビで取り上げられている「アハ動画」と呼ばれる間違い探しゲームを想像してください。絵のある部分がゆっくりと変わっていく。確実に変わっていっているのに気づきません。変わりきっても気づけていないと、その絵はもともとそういう絵であったかのように思えます。巻き戻して見直したりすることで一旦気づくと、その部分が目につくようになります。

モラハラで変わった性格は「アハ動画」とは違い、動画を巻き戻すように元に戻して、どこがどう変わったのかを見つけるなんてことはできません。しかし変わったと気づいた人は巻き戻しの作業にこだわってしまいます。「少しでも早く脱出させたい、回復させたい」と、邪魔な思考である被害者心理を無視させるような言葉かけをしてしまったりします。「依存的になってはいけない、臆病になってはいけない」と。

そもそも、被害者が依存的であったとしても、依存的な人なりの生き方の選択をする自由があります。依存的な生き方を否定し、修正していくことができるのは、それをやめたいと考える本人だけです。第三者に、その人がどう生きるかの選択を迫る権利はありません。

そして揺れ動いている時期に、どちらか片方の感情を無いもののように扱うと、必ず後で揺り返しがきます。たとえそれが「被害者心理」と呼ばれるものであったとしても、どちらの感情もその人の大切な感情です。いわば被害者心理は、モラハラ環境で生きのびていくために必要だった心理状態です。粗末に扱ってはいけません。揺れ動く両方の感情を尊重してください。

真っ向から否定するのではなく、どうしてそういう心理状態に至ったのか、どんな背景からそうなったのかを解きほぐすことが大切です。

「こんな生活はいやだ。私は私の人生を歩きたい」といったモラハラという言葉との出会いによって浮き上がってきた思いと、「今の生活を変えるなんて、私にはできそうにない」というそれを押しとどめる思いの両方の心理状態の根拠を探っていく必要があります。

自分に自信が無ければ何を手に入れれば自信がつくのか、不安であれば、何を知れば不安が減少するのか、そうした思いはどこから来ているのかを、ゆっくり見つめてほしいのです。

そして、自分にはいくらでも選択肢と未来があり、それは自分で選択していいと気づくことこそが大切なのです。

モラハラという言葉に出会い、自分が被害者だったと知ったら、加害者について知ろうとするよりも、自分について知ることに熱心になって欲しいと思います。自分が受けた影響を知ることは、結果的に加害者のことを知ることになるのです。自分を知るスタートは、心の揺れを見つめることです。揺れている自分を責めないでください。

加害者から離れた後の痛み

「はじめに」に記したように、加害者から離れた後の辛さに、多くの人は驚きます。離れたのだから大丈夫。もう被害者ではなくなったと思っています。しかし、モラハラパーソナリティと一緒にいたときより、離れた後の精神状態の方が辛いと訴える被害者が多いのも事実です。

モラハラ環境から脱し、被害者ではなくなったはずなのに、ちょっとしたことで落ち込んだり、相変わらず自分に自信が持てない……。本人は気づいていなくても、実はモラハラ経験による影響が出ていることが、この時期の被害経験者には多いのです。

実は、この離れた後の辛さは、たいていの被害者が通る道です。しかし、本人のみならず支援者でさえ、モラハラ環境から離れること、離すことには熱中するものの、離れた安堵感からか、その後のケアを怠《おこた》ってしまいます。

実は、モラハラ環境から脱した後こそ、モラハラ環境で受けた傷のケアを丁寧に、じっくり、行う必要があります。

長い間、じわりじわりと傷つけられてきた心が、本当の意味で悲鳴を上げ始めるのは、脱した後なのです。しかし、恐れる必要はありません。それは暴力のない、安全な環境に立ったからこそなのです。

脱した後、辛さをクライアントが訴えたとき、私は「良かったですね。感じる心が戻ってきたのですね」と伝えます。

モラハラ環境のなかで、苦痛や悲しみを感じるとそこに居続けられないため、自ら麻痺させていた心が、やっと機能しはじめたということなのです。

そして時折、モラハラを脱し、自分はもう大丈夫なはずなのにとてもしんどいと訴えるクライアントに、手塚治虫の作品『どろろ』の主人公のひとり、百鬼丸《ひゃっきまる》を例に挙げて話すことがあります。とても古い作品なのですが、それをここでも紹介しましょう。

百鬼丸は、父親の欲の代償として、四十八の妖怪に体の四十八の部位を奪われて生まれてきます。肉の塊《かたまり》のような姿で生まれてきた赤子の百鬼丸は、かごに入れられて川に流されて（捨てられて）しまいます。川下《かわしも》で医者に拾われた百鬼丸は、その医者の技術によって義眼・義手・義足等で奪われた部位を補ってもらい成長します。その後、旅に出て、自分の体を奪った妖怪を退治する度に、自身の体の部位を取り戻していく……というお話です。

その部位を取り戻すとき、百鬼丸は苦痛にのたうち回ります。義部位がぽろりと落ちて、自分の本当の肉体に変わるときの痛みはすさまじいようです。そして、切りつけられても痛まなかった体は痛むようになります。血も出ます。

生きていけるなら、切られても痛まない義部位のままでもいいじゃないか。刺されても死なないなら、不死身でいいじゃないか……。そんな風に思いもしますが、百鬼丸は、人としての、自分自身の部位を取り戻すことを選びます。

百鬼丸は自分の部位を求めて、旅を続け、妖怪を退治し続けます。自分を取り戻すために。


モラハラ被害者は、モラハラ環境にいるとき、痛みを感じないように自分の感情や感覚を麻痺させています。感じるとそこにいられないからです。

妖怪に体の部位を奪われた百鬼丸のように、モラハラ被害者は、感覚や感情をモラハラに奪われているのです。

モラハラ環境から脱し、一つひとつ自分の感覚や感情を取り戻していくそのとき、百鬼丸が自分の部位を取り戻すときのように被害者はのたうち回ります。モラハラ環境のなかで傷ついてきた心や感覚がよみがえり、痛み始めるのです。

感覚がよみがえると、悲しみや怒りに襲われます。モラハラ環境にいたとき以上に、心がざわつきおかしくなったように感じる人さえいます。しかしそれは、心が健康に機能しはじめたからに他なりません。

なかには、痛まなかったあの環境に戻る方が楽なのではないかと思う人もいます。確かに、感じないようにしながら生き続ける世界を選ぶ自由もあります。しかし、自分らしく生きる世界を選んだあなたは、まず、その痛み、感情をほめてください。感じる力、感情を取り戻したのだと。

百鬼丸は、長い時間をかけて人としての体を取り戻しました。体を取り戻した後も、旅を続けます。

百鬼丸は、義体だったとき感じなかった痛みも辛さも感じるでしょう。でも、それが百鬼丸の選んだ人生……。その痛みから百鬼丸は、またいろいろなものを、人として学んでいくのです。

あなたは、モラハラ環境から脱し、人としての生活を取り戻したからこそ、かつて押し殺してきた悲しみ、怒りを感じているのです。それは、今は恐れる必要の無いかつての痛みです。自分を取り戻したからこそ、こんなにも傷ついていたのだと気づいた痛みなのです。

モラハラ渦中の痛み

今、あなたは、自分の辛さに気づきました。そして、なんとかしたい、前を向きたいと思われたからこそ、この本を手に取られたのではないでしょうか。

ひとりではやっていけない、何をやってもどうせだめだ、という思いをぬぐえずに、自分はこんな人間だっただろうか、どうしてこんな風になってしまったんだろう、苦しい、辛い、と感じている……。

そう感じるあなたは、まだあなた自身の力をなくしてはいません。

あなた自身の心が折れてしまっていれば、「どうしようもないのだ、私は元々こういう人間なのだ」と決めつけて悩まなくなるでしょう。

しかし、あなたの心の芯が折れずに存在しているからこそ、あなたに訴え続けているのです。

「この痛み、苦しみから逃れたい、逃れる力がある」と。

モラハラに作られた性格・被害者心理には、根気よく向き合っていくしかありません。

あなたは、自分が動けなくなっていると思っていますが、心が前を向いているからこそ悩み、落ち込むのです。しかし、落ち込んでいる自分を責め、そして自分を追い詰めると、ほんとうに動けなくなってしまいます。

モラハラ問題に限らず、落ち込みや悩みを持つすべての人に言えることですが、悩みや辛さを感じているのはその人が前をしっかり向いて進んでいく力を持っているからです。成長したいという思いがあればこそ人は悩むのです。そうでなければ、悩み、落ち込む必要はありません。悩んでいる自分をまずほめてください。なんとかしたい、前進したい。自分自身の生き方を求めている。そんな自分が生き残っていることを認め、ほめてください。

モラハラ攻撃を受け、心が完全に折れてしまった人は、モラハラ環境での生活に対して、「絶対的受け身の態度」で生きるようになります。相手を怒らせないように自分さえ我慢すれば、と常に相手を中心にして自分の行動を決めていくようになります。自分はどう思っているか、自分はどうしたいのか、という基準は、もうそこにはありません。相手がどう思っているか、これをしたら相手はどんな態度に出てくるか、ということばかりを無意識に考えてしまうのです。

相手が怒らなかった、今日は相手が不機嫌にならなかった、モラハラをされなかったのでホッとする……。

相手が怒らないように、不機嫌にならないように、ということを常に考える生活が普通のはずはありません。モラハラパーソナリティと出会うまでのあなたは、そのようなことを毎日気にしながら生活していたでしょうか。

自分の行動や人生を、他人を基準にして決めていくことが、楽しいはずはありません。本当の意味での「楽しい」「ホッとする」という時間が、あなたの生活のなかになくなってしまってはいませんか。

当初、あなたは、相手に喜んでもらおうといろいろと気配りをしたのだろうと思います。「相手の役に立ちたい」といろいろなことに頑張ったのでしょう。相手が喜んでくれたら、相手の役に立ったら自分も嬉しい……。自分の行動が誰かの役に立ったら、自分にも自信がつく。お互いの喜びのために、そして喜びあふれる家庭や仕事環境を築いていくためにと、相手の気持ちをおもんぱかり、日常の気配りを怠らなかった。それは自分のためでもあると知ってもいました。

あなたのその行動と思いは、なにも悪いことなんかではありません。あなたは、相手にパートナーとしての気配りをしてきたつもりだったはずです。しかし、モラハラ環境のなかではそうではなくなってしまうのです。

気配りと、モラハラパーソナリティ相手の被害者としての態度を混同する人は多いです。しかし、他者への気配りと、モラハラパーソナリティ相手にへ、ま、を、し、な、い、よ、う、に気を遣うこととは違います。それはもう、相手のためだけの行動です。

そして、今日は不機嫌にならなかった。怒り出さなかった。あなたはホッとした……。

それは本来の喜びとは違います。あなたはモラハラ環境に閉じこめられて、ホッとする感覚を喜びと感じてきたのではないでしょうか。相手が不機嫌になったり怒ったりしなかっただけの日を、幸せととらえてきたのではないでしょうか。


モラハラパーソナリティは、いつ不機嫌になるか、なにをきっかけに怒り出すか、あなたがどれだけ神経をとがらせてもわかりません。相手のなかにマグマのように溜まっている心の問題（葛藤やストレス）が吹き出てきただけなのですから。そして不機嫌になったり怒ったりといったそれは、モラハラパーソナリティ本人も無自覚に、心の問題の処理方法として行っており、常態化しているため、すでにその行動をコントロールできなくなってもいるのです。

怒り出すきっかけとなった今の出来事やあなたの言動が、相手のモラハラ行動を引き起こしたわけではありません。あなたが間違ったことをしたから、あなたが愚かだから、相手はあなたを馬鹿にしたり叱ったりしたのではありません。

モラハラパーソナリティは、彼（彼女）自身が抱え持っているコンプレックスを隠すために、自分の全能感を満たすために、そして、自分の心の安全を保つためにモラハラ行動をしているのです。

モラハラパーソナリティは、自分の行動がモラハラ行動である（自分の内面の問題から来ている）とは絶対に認めません。すべてあなたのせいだと言います。どんな態度をとればあなたが自分のなかに反省点を見いだし、言いなりになるか本能的に知っているのです。

そしてあなたがどんなに相手のためを思って心配りしても、あなたに「喜び」と「感謝」を表現することはありません。普通なら喜ぶような、感謝するようなことをしてもらっても、相手にとってそれは「当たり前」のことなのです。

「ありがとうの反対語は当たり前」

どんなことでも当たり前としかとらえないモラハラパーソナリティは（そう思うことで、秘められた巨大なコンプレックスを補おうとしているのでしょう）、満足したり心から嬉しいと思ったりすることはないでしょう。そんな彼らは、当然に心が満たされることはありません。常に、心に飢餓感を抱え、不満を抱え続けるのです。

彼らには誰かを愛する余裕もありません。自分に本当の意味で満足しないので、自分を愛することもできません。

本当の意味での満足とは、欠点も長所も、そしてコンプレックスも、すべてをひっくるめて自分なのだとまず認め、そうした自分に関わる周囲に感謝ができる、そうした人のもとに訪れるものでしょう。たとえば、誰かに（特に、モラハラのターゲットに）支えられていることを認めてしまうと、支えてくれた人より自分が劣っていると考えてしまうようなモラハラパーソナリティでは、自分に満足するということはないのです。

「被害者は、もともと受け身のパーソナリティだったのだろう」「被害者に選ばれやすいタイプがいるのだろう」と当然のように言われた時期もありましたが、決してそうではありません。そう誤解されるほど、被害者のパーソナリティがモラハラ攻撃によってすっかり変えられてしまい、元からの性格であったかのように、大きな顔をして居座っているのです。

じわりじわりと攻撃を受け続ければ、どんな心も折れてしまいます。一部の被害者は、攻撃のある環境で生き延びるために「絶対的に受け身の態度」という守り方を身につけてしまうのです。

モラハラパーソナリティがモラハラのターゲットに選ぶのは、決まって、自分をしっかり持った魅力的な人です。

ターゲットをコントロールしたい、支配したいと思うなら、簡単にそれが行えるすぐさま言いなりになる人を選べばいいのに、彼らは決してモラハラのターゲットにそういう相手を選びません。家庭であれ、職場であれ、彼らは優れた人をモラハラのターゲットに選ぶのです。才能があり、輝いているから惹かれるのでしょう。

たまったものではありませんが、モラハラパーソナリティは、「自分をしっかり持った、生き生きとした魅力的な人」が、自分の一言に左右され、言いなりになることを望みます。自分がしつけて（教えて）やっていると思うことで、自分の存在価値が高まると感じているかのようです。

親子関係のモラハラであれば、子が成長に伴って「自分自身」を持とうとすると、それを阻止します。「あなたは、だめな子だ」というメッセージを投げつけ、自信を持って羽ばたこうとするのを阻止するのです。いつまでも自分が子より優位に立ち続け、子を自分のテリトリーに居続けさせるために。親であり続けるために。

「では、子どもの頃に親からモラハラを受けていた私は、そういった部分は育っていないのでしょうか」

いいえ、大丈夫です。あなたが生きてきた環境には親だけしかいなかったわけではありません。学校の先生、友人、友人の親、近所の人たち……たくさんの人があなたの周りにはいたはずです。あなたには他の世界があったはずです。子ども時代は親と過ごす時間より、学校など、他の人たちと過ごす時間の方が長いですし、本や映画といったあなたに何かを感じさせてくれたいろいろなものが周りにはあったはずです。親の影響は確かに大きいかもしれませんが、親以外の環境から得たたくさんのものがあなたの心の引き出しに入っています。だからこそ自分の親の奇妙さに、今、気づいたのです。

気づいたら心の引き出しを整理させていくことができます。少しとっちらかっていても、必ず整理することはできます。「断捨離《だんしゃり》」という言葉が流行っていますが、心の引き出しも同じです。要らないものはどんどん棄ててしまっていいのです。

そうすれば、スッキリした心の引き出しに、どんどん新しいものを入れていくことができます。傷つけるものから離れる自由があなたにはあるのです。それがたとえ親であっても。

加害者との共生・同居を選ぶ場合

どんなに優れた、自分自身をちゃんと持った人であっても、攻撃を受け続けて平気な人はいません。やすりで削られ続ければ、どんな大木でもいつかは倒れてしまいます。

家庭にせよ、職場にせよ、辛い、しんどい、と心が悲鳴をあげているのに、それを無視してあなたは何を得ようとしているのでしょう。そこでどうしても得たいものがあるのなら、モラハラに耐えることもやってのけられるかもしれません。それを得るために私はここにいると、うつむいた我慢ではなく、顔を上げて辛抱することができるかもしれません。

何を得たいのか、そのために何を手放すのかを常に意識していないといけません。得たいものと辛抱の限界をしっかりと知っていないといけません。

経済的に自立はまだ無理だから、経済的なものを得るためにここにいる。そう決めた人は、ある意味ビジネスライクに、「この人はモラハラパーソナリティだから、こんなことを言ったり、こんな態度をしたりする。私がどう変わっても相手はモラハラをするのだから、相手のモラハラ言動をいちいち受け止めないようにしよう」と「諦観」することが必要でしょう。諦観とは、ものごとの本質をあきらかに見てとること。あきらかに見て前向きに諦めていくことです。

モラハラ攻撃から離れた方がいいと思っていても、様々な事情で共生を選ばざる得ない場合もあるでしょう。

そのためには、相手をパートナーとして選んだときの期待は棄てなければなりません。モラハラパーソナリティと知ってからの相手との新しい関係を見い出さなければなりません。

同居を選んだ被害者のなかには「旅館の女将のつもりでやっている」と話された人がいました。確かに、旅館の女将は、客の横暴な態度も、お金を運んできてくれるお客さんと割り切って、仕事のひとつとして対処します。いちいち客の悪態に傷ついてなんていられません。それくらい割り切らないと、モラハラパーソナリティのモラハラ行動には、耐えられないでしょう。

しかし、あなたが得たいものは、そうまでしないと、そしてそこでないと、得られないものでしょうか？

そこで手に入れたいもののために、割り切る（手放す）ものを自覚し、つらいと感じることと手に入れたいもののバランスを見つめることを忘れないようにしないと、モラハラの世界に飲み込まれていきかねません。

モラハラパーソナリティと共生することを選んだ人が、相手とのやりとりについて話すとき、「こういう人なのだから……」という言葉の後に「我慢すればいい」そして「スルーして、ドンと構えていないと……」という言葉が続きがちです。

しかし、共生を選んでいる限り攻撃を受け続けます。我慢しようとすると、そのことにエネルギーが奪われ、自分のバランスを見つめることをつい怠りがちになります。

相手はそういう人なのだと自分に言い聞かせても、毎日モラハラの言葉は耳に入ってきますし、行動は目に見えます。モラハラをされ続ければ傷つきます。悲しくもなります。腹も立ちます。そこで「我慢しなければ」「ドンと構えていなければ」と強く言い聞かせようとすると、自分の感情を無視してしまいかねません。

戦場で戦う兵士は、怖いと思えばその場に居続けられなくなります。怖いという感覚を押し殺して、そこにいるための理由を見いだし、戦地で踏ん張り続けます。ですが弾丸は向かってきますし、爆弾は頭上に落ちてきます。そして、足下は地雷だらけです。常に死と隣り合わせです。

終わりのない攻撃のシャワーを浴びても我慢し続けることができるほど、あなたが、そこで得たいものは何なのでしょう。自分の感情を押し殺してしまうと、何を得るためにそこにいて、何を我慢しているのかということが見えなくなるだけでなく、生きている感覚さえなくなっていきます。

共生していくためには、モラハラパーソナリティと精神的な距離をとる必要があります。しかし、精神的な距離をとることと、自分の感情を無視することは違うのです。精神的な距離をとるということは、先に書いた「諦観」……あきらかに見て諦めるということです。

モラハラを知った人は、モラハラパーソナリティである相手に自分の意思を伝えても通じないことを知っています。「どうせ伝えても無理だから」と思うとき、自分の感情を無視してしまいがちです。相手の言動にいちいち感じていては我慢できなくなるのはよくわかります。しかし、それでは、モラハラを知る前と変わりはありません。共生を選んでいるとしても、あなたは、被害者で居続けることを選んだのではないはずです。

モラハラパーソナリティとの共生とは、モラハラパーソナリティである相手に、わかってもらう、理解してもらう、思いやりのある言葉や態度を期待する、ということを諦めるということです。他者の気持ちをわかりたいと思っている人にしか、どんな言葉も思いも伝わらないのですから。

モラハラパーソナリティは、あなたを理解しよう、あなたがどう感じているかを知ろうとすることを拒否する人たちです。あなたを知ったつもりになることはできるかもしれませんが（謝って見せたり、変わると言って見せたりすることはできます）、本当の意味であなたの苦痛を理解すると、彼らはモラハラという葛藤処理方法を手放さなければなりません。自分を変えていかなければなりません。モラハラパーソナリティは自分を変えていくしんどさを拒否し続けている人たちであり、簡単に自分を変えることができないくらいに、モラハラを自分のなかで当たり前の葛藤処理にして生きてきた人たちです。新たな葛藤処理方法を手に入れ、自分を変えていくには、血の出るような覚悟と努力が必要なほどに、モラハラパーソナリティのなかでは、モラハラが当たり前のものになりすぎてしまっているのです。

モラハラを知ったあなたは、そうしたモラハラの特性をもう知っていますね。

共生を選ぶということは、モラハラ環境に居続けることです。その間、モラハラパーソナリティのモラハラ言動を見続けなければなりません。被害者で居続けないとは、攻撃に耐えるために自分の感情を無視しないということ、自分の価値観や感覚を大切にするということです。

ひどい言葉を浴びせられたり、ひどい態度を見せつけられたらいやな気分になるのは当然です。いやな気持ちになっているということを無視することなく、ここで得たいもののために、このいやな気分にどこまで自分は耐えるのか、それをしっかり見極めながら暮らすことが大切です。その限界を知るためには自分の感情（不快、悲しみ、苛立ちなど）をちゃんと感じられるようにしておかなければなりません。

叫んだり、怒鳴り散らしたくなったりしたら、我慢することが難しくなっているというサインです。相手を殺したくなったり、自分が死にたいと感じたら、もうあなたは限界を超えています。もう、そこにいてはいけないということです。

共生することで何を得たいのかをしっかり知っていて、自分の感情をしっかり見つめ、限界を見極めることができるようにしておけば、あなたは限界が来るまでにいろいろな準備をすることもできるでしょう。

準備とは、「得たいものはそこでしか本当に得られないのだろうかと考える」こともして「そこ以外で得られるようにと行動も始める」ということです。モラハラ関係でなくとも、人はいつ何が起こるかわかりません。経済的に頼っていたパートナーが、突然事故死したりすることもあるのです。いつ何があってもいいように、常に準備と行動をしておくことは、共生を解消するしないに関わらず、必ず役に立ちます。モラハラ関係ならなおさらです。

言葉を転がす

そこまで覚悟を決めたとしても、自分の感情を見つめながら、その感情を相手に向けることなく共生し続けることは、被害者にとってはかなりつらいことでしょう。

相手と共生する時間のなかで、もしかしたら相手が変わってくれるかも知れないという期待もやはり棄てきれないものです。ただ、モラハラパーソナリティに限らず、人が変わるか変わらないかは本人の問題です。相手の変化を願う自由が確かにあなたにはありますが、それを押しつけることはできません。モラハラパーソナリティから押しつけられた結果が今の被害者としてのあなたの変化です。

変わって欲しい、わかって欲しいと相手に願えば願うほど、共生は耐えがたいものになるはずです。では、どうしたらいいのでしょう。

変わろうが変わるまいが、相手次第の問題であることをしっかりと頭にたたき込み、「変わろうと思っていない人を変えることは誰にもできない」「それを変えようとするのは、それこそモラハラパーソナリティがしていることと何ら変わりはない」と知っていること。そのうえであれば、自分の感情を閉じ込める必要もありません。たとえ相手が理解しなくとも、あなたが「そんな風に言われたら辛いわ」「いやだわ」と言ってもかまわないと考えてください。

わかってほしい、変わってほしいという目的のためではなく、自分はこう感じていると相手に伝えるために、素直な言葉を相手の足下に転がしましょう。あなたが転がしたものを拾うか拾わないかは相手の自由です。拾おうとしないのがモラハラパーソナリティです。どれだけあなたが思いを転がそうとも、相手から返ってくる言葉は、あなたの辛さを理解しようとは思わないモラハラパーソナリティ独特のものです。そのとき、そこでまた、どうしてわかってくれないのと、わかってもらうことを望めば、あなた自身の感情に油を注ぐだけです。わかってよ！という思いで、相手とキャッチボールをしようと必死に言葉のボールを投げつけても、相手はそれを受け止めません。それがモラハラパーソナリティなのです。必死になればなるほど、あなたひとりがくたびれ果てることになるのです。

自分はこう感じていると伝える（表現する）のは、相手にわかってもらうためではなく、自分のためです。今、自分はこう感じているのだなあと確認して、その気持ちを大事にするためです。そして、子どもがいる夫婦関係の場合、片方の親がモラハラのような態度をすれば、された方の親は、嫌だ、不快だと感じているということを子どもに間接的に伝えられるという効用もあるのです。

あなたが伝えたことに対してモラハラ態度が返ってきたとしても、モラハラを知っているあなたなら、そんなことはおおよそ予測できていたはずです。そのときがっかりするのではなく、「ああ、やっぱりな」と、自分のために確認していくのです。それは、「変わってくれるかも知れない」という期待を棄てるための確認作業にもなります。そうすることで、モラハラ態度に感情的に反応してしまうことを抑えられます。また、伝えるということは、「あのとき、相手にちゃんと伝えていたら、少しはわかってくれたのではないか」と、後であのときに執着することを抑えてくれるのです。

「手の上で転がす」の危険性

夫婦関係の話題において、特に女性の側で、「夫なんて手の上で転がすくらいが丁度いいのよ」といった言葉が交わされるのをよく見聞きします。

相手がモラハラパーソナリティだとわかった上で同居を選ぶ人に対しても、「相手の言動はモラハラパーソナリティから来ているのだから気にしないで、それこそ手の上で転がすように扱えばいい」と助言する人が結構います。そもそも、パートナーを手の上で転がす……それが平気でできる人であれば、モラハラに傷ついたり悩んだりはしないでしょう。

「手の上で転がす」には、もちろん、いろいろな意味合いがありますが、「相手が主導権を持っているように思わせながら、自分の主張を相手に受け容れさせてしまいましょう」「自分主導で物事が動いていると思わせて、上手に相手を操縦しましょう」といった意味合いで用いられることが多いのではないでしょうか。いわば、コントロールです。

モラハラパーソナリティとの共生を選んだ人は、「こういう相手なのだから、相手の言動にいちいち目くじら立てずに、我慢して相手を立てながらコントロールしていこう……」と考えるかもしれません。まさに手の上で転がすという状態といえるのかもしれません。しかし、これまでもずっとそうしてきたはずです。相手に少しでも機嫌良くいてもらえるようにと、相手を立て、おだててきたはずです。相手が気持ちよく過ごしてくれれば、その場が穏やかで、うまく回ると考えて、努力してきたはずです。

モラハラパーソナリティは、自分のイメージ通りに行かないと気が済まない人です。自分のイメージと違うことを受け入れるなんて、彼らにとってはとんでもない話です。そんな彼らをコントロールすることはできません。

それでも、相手を手の上で転がそう、コントロールしようとするならば、モラハラパーソナリティの上を行くコントロール性を身につけないと不可能です。そして、どちらが相手を支配するか、といった心理戦が繰り広げられることになるのです。

「手の上で転がせばいいのよ」という言葉を聞くとき、私はいつも、孫悟空とお釈迦様の物語（西遊記）のなかのエピソードのひとつ「釈迦の手のひら」を思い出します。

お釈迦様の手のひらから飛び立った孫悟空。かなり遠くまで来たと思っていたら、実は、そこはずっとお釈迦様の手のひらの上だった、というお話です。

もちろんこのお話には様々な解釈があるでしょう。そしてお釈迦様は、悟空をコントロールしようと思ってはいません。しかし、手のなかで転がすと聞くと、このお釈迦様のようなイメージが沸いてくるのです。

お釈迦様には、当然、悟空を馬鹿にしたり見下したりするような心はないでしょう。しかし、お釈迦様と悟空は、お釈迦様から見ても、悟空から見ても、決して対等ではありません。お釈迦様と悟空の関係に近いものをなんとかして人間関係に見いだそうとするなら、親子関係が思い浮かびます。親離れ、子離れという時期が来るまで、子どもは親の手のひらの上で守られています。子どもが巣立っていくというのは、親の手のひらから飛び立つというイメージでしょうか。もちろん親も、子を見下しているわけではありませんが、親子関係も、子が親の手のひらにいる間は、決して対等ではありません。

パートナーとして対等でありたい、相手に大人の意見と協力を求めたい。そうしたことは普通のパートナー関係での普通の願いですが、モラハラパーソナリティ相手には、到底望めないことです。そんな相手と共にいるために、相手を手の上で転がすということを行うとすれば、対等でありたいと思うことを諦めねばなりません。どこかで相手を見下していなければ、人は、手の上で転がすような態度を続けることはできないでしょう。もちろん見下していると伝われば、モラハラパーソナリティである相手は、攻撃を強めてくるはずです。平気で人を見下し、コントロール、支配できるモラハラパーソナリティに、あなたがかなうはずはありません。

それでも自分を落ち着かせ、そこに居続けるために、あなたは、相手に悟られないように心のなかで相手をとことん見下すことを始めます。見下した態度を相手に見せる場合は、「見下されてもいいの？　私はこれだけ、あなたのしたことで、あなたへの評価が変わったのよ」といった相手へのメッセージ性も存在しているはずですが、心のなかで見下すことには、もはやメッセージ性は存在しません。

心のなかで見下し、パートナーとして期待もしていない相手と生活を共にしてでも、得たいものとはいったい何なのでしょう。

見下している相手と関係を続けるために姑息にしのげる人ではないからこそ、モラハラのターゲットに選ばれ（ターゲットに選ばれる人はすばらしい人であり、だからこそ、モラハラパーソナリティの目にとまるのです）、モラハラに悩むのです。

相手を手のひらで転がせていると思った時点でその「人」は、実は、「釈迦の手のひら」というお話でいうところの、おごり高ぶった状態の悟空と同じではないでしょうか。加害者も被害者も釈迦にはなれません。悟空になるのみです。

私がカウンセリングで関わってきた多くの人は、自分を苦しめてきたモラハラパーソナリティを相手にさえ、馬鹿にする自分を良しとしない人ばかりです。

共生のために、相手を見下してしのぐという方法を一度選んでみたとしても、いずれ自分のそうした「態度」に嫌気がさしてきます。モラハラについて知識を持った人であれば、相手を見下して自分を守るというモラハラ的な発想で対峙していることに気づいてしまうのです。そこにちゃんと気づけるならば、やってみるのもひとつの方法かも知れませんが、いつの間にかそれがあなたのパーソナリティになってしまう可能性もぬぐえません。

人それぞれに違う選択肢

夫婦間でモラハラがある場合、家庭内で様々な問題が起こった時に大人の発想で物事を解決しようとするのは、被害者であるあなたひとりのはずです。あなたが相手に合わせた決定や行動をしても、また、相手が誘導的にあなたをその決定に導いたとしても、最後に責任を負うのはあなたひとりです。

相手は、あなたの言動とは無関係な理由・相手の内面の問題で、モラハラをします。そもそも相手が、あなたに向けて不機嫌であっても、あなたが原因ではありません。不機嫌がおさまったとしても、相手の心の都合です。あなたの働きかけでおさまったわけではありません。

超能力者でない限り、相手の心を理解することは不可能です。ましてや、相手の心の都合を察知することはできません。

共生を選ぶあなたは、このような予測しがたい勝手な行動が相手の都合で常に繰り広げられることを念頭に置いた上で、それでも私はここ（モラハラ環境）で生きていくのだ、という覚悟が必要です。

何度も繰り返しますが、どうしても得たいものがそこにある人でなければ、そこ（モラハラ環境）に居続けることはやはり難しいでしょう。

これまでの人生で身につけてきた人間関係の対処法は、モラハラパーソナリティには通じません。モラハラパーソナリティに対抗するため、普通の人間関係では思いも寄らない行動をとるうちに、その行動が、あなたのなかで当たり前の行動として身についていきます。後で述べますが、子どものいる夫婦間でのモラハラの場合、パートナーのモラハラ行動のみでなく、このような「あなたらしくない」行動を子どもに見せてしまうことは、子どもに影響をあたえてしまうことにもなるのです。そして、モラハラを知ったあなたなら、子どもを巻き込むことに苦しむはずです。

「離れることを選べない場合、モラハラについて何も知らないほうが楽だったのではないでしょうか」

いいえ、そうではありません。恐怖心、不安感の正体がわからないほうが、人の心を蝕みます。原因がモラハラだとわかったほうが、相手の言動を正しく解釈することができます。

何が入っているかわからない箱に手を入れるゲームがありますが、中身がわからなければ、怖くて仕方がありません。わかっていれば無駄に怖がる必要はないのです。それが苦手なものであるならば苦手なりの触わり方、強く拒否して触らないという選択もできます。その正体を知っているからこそ、落ち着いて自分に向き合い、正しい選択をすることができるのです。

たとえば、新しい家に引っ越してきたとします。隣が工場で日中の騒音がすさまじいことに、越してきてから気づきました。あるいは、何かの作業場だとは知っていましたが、想像以上に騒音がひどかった、こんなとき、どうするかは人それぞれでしょう。

文句を言いに行きましょうか? しかし、元から、その工場(作業場)は、そこにあったのです。そして、その作業を今までずっと続けてきたのですから、あとから越してきたものが文句をいうのは筋違いかもしれません。

日中、少し騒がしいけれど、それ以外はとても住みやすい場所だから、我慢しましょうか？

他のことなら我慢できるけれど、騒音はどうも我慢ができない。神経が参ってしまう。ああ、失敗だった。もっといい場所に引っ越そう。すぐには無理だから、少しでも早く引っ越せるようにお金を貯めよう。そういう人もいるでしょう。

いや、せっかく引っ越してきたのにまた自分が引っ越すなんていやだ。工場の方を追い出してやろう！　つぶしてやろう！　なかにはそういう人もいるかもしれませんね。

人それぞれの選択肢があります。


相手がモラハラパーソナリティだったとき、その発見に対する選択は、人それぞれです。

モラハラというものを知り、やはり自分は耐えられないと思っても、すぐにそこを離れられるとは限りません。急がなくてもいいのです。

すぐにそこを離れられない理由をしっかり見つめ、その理由に向き合っていきましょう。

家庭内のモラハラであれば、苦痛を感じているのに、別居や離婚に踏み切れない理由にまず向き合います。それが経済的な理由であれば、経済の基盤を持つ準備をする。子どもからもう片方の親を奪うのではないかという思いがぬぐえないなら、「モラハラ」が子どもに与える影響はどんなものなのか、今の環境のままで自分がどこまで子どもをフォローしていけるのか、しっかり見つめていきましょう。

どうしてもひとりで生きていく自信がないという場合もあるでしょう。もとから自分はひとりで生きていく自信のない人間だったのか。いつの間にか自信がそぎ落とされたものなのか。なにを身につければ自信が備わっていくのか、しっかり自分に向き合ってみましょう。

思い出してください。モラハラとは、あなたの自信と自尊心をそぎ落としていくのが特徴です。あなたは本当に、最初から自信の無い、ひとりではやっていけない人でしたか？

「離れられないのは、やはり相手が好きなのだと思う」と語る人もいます。

相手の良い部分を見て、この人となら、とパートナーに選んだのだから当然です。あなたの見たその部分がなくなったわけではないのですから。モラハラをしていないときは、結婚を決めた相手なのです。ただ、モラハラの部分もひっくるめてその人であると認識しなければいけません。モラハラの部分は決してなくならないのです。

たとえば、洋服屋さんのウィンドウにすてきな服が飾ってあるとします。ショップに入って、見えていなかったその服の背面を見てみたら、苦手なタイプの、ど派手な刺繍がしてありました。すてきだと思った前面も、ショップに入って見た背面も、両面あってのその服です。買うか買わないかはあなた次第です。

買って帰って、刺繍の部分を取り除く……そうですね。服ならばすてきな方法です。しかし、モラハラパーソナリティは「人」です。あなたが作り替えてしまってもいいものでしょうか。また、服のように簡単に作り替えられるものでしょうか。

封印という手法

モラハラ環境に居続けることを選んでいる人の多くは、「封印」という手法を使います。自分の感覚を麻痺させて、苦しさ、辛さ、悲しみを感じないようにするのです。麻痺させなければ、そこに居続けることができないからです。それはモラハラ環境のなかで生き延びるための方法です。そして、それは無意識に行っている場合がほとんどです。

これは、防衛機制のひとつである「否認」にあたります。防衛機制とは、不快な感情、出来事などから受けるダメージを弱めたり避けたり、心理的に安定した（ように思える）状態を作り出すために行う心の働きのことです。他にも「抑圧」「転移」「合理化」など数種あり、誰にでも、日常、様々なシーンで当たり前に見られる心の働きです。「否認」はその働きのひとつで、嫌な出来事や感情をまるでなかったことのように、認めようとしないことを指します。
苦しい、辛い、悲しいという感情や感じる心（感覚）を、ないもののように扱うことは非常に危険です。

人に限らず、生き物は皆、次の行動を自分の感覚に沿って決めることで自分を守っています。「ライオンは自分たちの命を脅かす怖い存在である」と知らないシマウマの子どもが、ライオンに近づけば、たちまち食べられてしまいます。しかし、怖いと本能で感じとっていれば、普通は近寄っていきません。

苦しい、辛い、怖い。その本能的感覚があるからこそ警戒し、距離をとり、身を守ることができるのです。

モラハラ環境にいる人は、自分がそこに居続けるために、攻撃を攻撃であると認知しないよう自ら感覚を麻痺させます。すべての感覚を麻痺させてしまっているのではなく、相手が目の前にいなくて、好きなテレビや映画を見ているときや好きなことをしているときは、楽しいと感じますし笑うこともできます。モラハラ攻撃に対する感覚だけを麻痺させているため、自分の心が危機的状況に向かっていることになかなか気づきません。

攻撃を受け続け、何をしていても楽しいと感じなくなった、笑えなくなった……そうなってはじめて、自分がどうもおかしいと思い始めます。しかし、それはこれまでのように自ら麻痺させているのではなく、モラハラ攻撃によって感覚が破壊されたためで、そのときにはすでにうつ状態に陥っているなど、かなり心が蝕まれた状態に到達していることになります。

うつ状態に陥っていることにさえ気づかず、突然、心が壊れてしまうことがあります。ずっと普通に暮らしていたのに、ちょっとしたことをきっかけに感情が爆発したり、急に何もできなくなったりするのです。

コップの水でたとえるなら、水が満タンになっていて、表面張力でなんとか保っていたところに、ぽたりとしずくが落ちるだけで、ブワッとあふれ出てしまう状態です。

心のコップをあふれさせるしずくは、日常当たり前にあるストレス（刺激）です。モラハラ攻撃によるとは限りません。そして、ストレスには、悪いストレスと良いストレスがあります。あふれさせる原因になるのは、悪いストレスだけではありません。一般的に、心を壊してしまう（あふれさせてしまう）ストレスと聞くと、「悪いストレス」をイメージすることでしょう。人は普段、良いストレスを意識することはあまりありません。自分自身に刺激を与えて、向上させるための刺激もストレスのひとつです。それは時に「人生のスパイス」などとも呼ばれます。そして、表面張力でなんとか平静を保っている心には、この自分を成長させるための「人生のスパイス」さえも、心のコップをあふれさせる原因になるのです。

心のコップをあふれさせるような悪いストレスの自覚がないため、突然におかしくなったかのように、本人も周囲も思います。特に本人は、今まであらゆることに我慢強く対処してきた自負があるだけに、突然壊れてしまった自分に驚き、恥じたり責めたりします。当然、その原因をモラハラに結びつけることはしません。本人も周囲もその人の問題であると思い込むのです。

もちろんモラハラパーソナリティは、自分の態度や言動が原因だとは一切考えることはありません。むしろ、心のコップがあふれて感情的になってしまったあなたの振る舞いを、侮蔑や攻撃の材料に使うことでしょう。

「でも、自覚すればするほど、辛さに押しつぶされてしまいそうです」

自分が壊れてしまうと感じるような場所に、どうしてあなたは、居続けようとしているのでしょう。辛いけれど、そこにいて手に入れたいものがある。だからがんばっている。ならば、なおさら、自分の感覚を大事にしなければなりません。なんだか辛い、なんだか腹が立つ。そんなとき、こんな些細なことで腹を立てるなんて大人気ない、と、あなた自身の感覚を封印しないでください。

辛い、悲しいと感じていることをしっかりと認めていれば、辛すぎる、悲しすぎるといった状況に気づき、心が壊れてしまう前に、自分はどうするべきか判断を下すことができるでしょう。

モラハラから離れた後の封印

モラハラ環境から脱した後にも、この「封印」を使う人が少なくありません。今度は、モラハラ環境での苦しかった過去の経験を一切合切、心の奥に閉じ込めてしまいます。そして、「私はモラハラを脱したから、もう大丈夫だ」と言いきかせるのです。

なかには、モラハラが最初から無かったかのように強く封印してしまう人もいます。そぎ落とされた自信を少しでも早く取り戻したい、そう思うのでしょうか。モラハラの経験を自分の汚点や忘れ去りたい過去と考えるのでしょうか。

封印することでこの先に何事もなければ、それも生きていくための方法のひとつかもしれません。しかし、封印したものは、思いがけないところで意図せず吹き出てきます。

過去のモラハラ経験と似たようなシチュエーションや、似たタイプの人と遭遇したとき、無条件に怒りが吹き出たり、不安になることは、被害経験者なら誰しもあります。過去と重ねて今を見ているという自覚がなくても、心が勝手に反応するのです。

無理に封印していない被害経験者であれば、傷ついた心が、似た状況に反応しているのだと気づくことができます。それに気づくことで、自分にはまだケアが必要だと判断したり、こんなに時間が経っても心が揺れるのだから相手と離れて良かったと再確認したりしながら自分の今をしっかり見つめることができるのです。しかし、モラハラの過去を封印し、自分はもう大丈夫だと過信している人は、今吹き出た感情と過去の経験とを結びつけられません。

モラハラによる深い傷つきがあることを封印していても、その傷は何かの形で表に出てきます。無性に目の前の相手に腹が立つ。他人の言動に無駄に傷つく。自分の意見が通らないとイライラする。こういった様々な感情が表れ、自分の心の動きに戸惑うことがあります。自分はメンタル面に何か問題があるのではないかと考えて、カウンセリングに訪れてみたら、実は大丈夫だと思っていたはずのモラハラの経験から来るものだったと気づくケースが多々あります。これらが実は過去のモラハラの経験から来ていると知ると、その人は、未だにモラハラの影響があるのかと驚かされます。

モラハラ経験による過去の感情が、現在の目の前の相手によって浮き上がり、そしてその相手にその感情を流し込んでしまうことが、モラハラ被害経験者には実はよくあるのです。

被害者であったことを封印していなければ「この感情は目の前の相手に対するものではなく、過去の心の傷がうずいているのだ」と気づくこともできます。しかし、過去を封印している被害経験者は、どうして自分の心が波立つのかわからないまま、その理由を目の前の相手だけに求めることをしてしまいます。そしてかつての痛みや腹立ちを、無自覚に今の相手にぶつけてしまいます。そのため、必要以上に人間関係をこじらせることも多く、そんな自分に疲弊してしまいます。

かつての傷がうずいているのだと自覚できていれば、冷静に今を判断できます。自分の感情をコントロールできます。

モラハラの経験は消し去ることはできません。また、消し去る必要もありません。なかったことにしようとしても、あなたの人生の歴史から消え失せるわけではありません。その経験を意識し続けて苦しみ続けることはやめる必要がありますが、無理に消し去ろうともしなくていいのです。

モラハラを見ないで前を見ましょう、と私はカウンセリングの現場でもよく話します。見ないことと封印とは違います。言葉を換えれば、モラハラを見ないとは「気にとめない」ということです。

気にとめないということは、モラハラの経験者であることを心ではちゃんと認めているということです。

経験の影響による心理状態（被害者心理）から来る自身の言動は、自分が経験者であるという自覚があるからこそ気づくことが出来ます。気づきさえすれば、対処していくことができます。

相手と距離をとる

「人間関係に臆病で、人に向き合うのが怖くなった」と話す人がいます。

モラハラを経験したことによって、人間関係の築き方にも変化が生じます。モラハラパーソナリティのような人が存在すると知らなかったときと知ったときでは、当然、人に対する向き合い方が変わります。臆病になったように思うでしょう。しかし、慎重になったと言うこともできます。これから先の人生、モラハラパーソナリティに二度と出会わないとは限りません。モラハラパーソナリティのような人がいると知ったことにより、慎重に、ゆっくりと少しずつ相手との距離を縮めていきながら、相手を客観視していくという慎重さが身についたのです。

「被害者心理に気づく」ということは、被害を経験する前の自分からの変化を見せつけられることになり、落ち込んだり、つらくなったりもするでしょう。しかしその気づきこそが、モラハラの経験を、この先の人生のツールへと変えていくのです。「モラハラ被害者経験」をも人生のなかの一部に取り込んだ、新しい熟成した自分を作り上げていくことの第一歩が、被害者心理に気づくことなのです。

傷を封印してしまっている人、すなわち被害者心理を無視する人は、もう自分は大丈夫だと思って、モラハラパーソナリティやモラハラ的行動に出会っても不用意に近づきすぎたり、逆にいきなり「拒絶」したりしてしまいます。モラハラ的行動をする人をモラハラパーソナリティだと決めつけてしまいます。モラハラ的行動とは、パーソナリティ化していなくても、イライラしてつい八つ当たりをしてしまったなど、誰にでも経験のある行動のことです。モラハラを拒絶できるようになったのはいいことではないか、と思われるかも知れませんが、その拒絶こそ、被害者心理が起こさせている行動である場合があります。

自分の被害者心理を無視している人であっても、かつて経験をした、被害者であったという自覚はしっかりと持っています。そして、「自分はモラハラについてよく知っている」「モラハラパーソナリティは見抜くことが出来る」と信じていたりします。「自分はモラハラのエキスパートだ」と自負している人さえいます。実は、被害者心理が、モラハラ的言動に必要以上に反応してしまっているのに、それを自分がモラハラを見抜いたと信じてしまうのです。そして、「この人はモラハラに違いない」と、反射的に決定し、反応的行動をしてしまいます。

「この人はモラハラパーソナリティに違いない」という感覚は、正しい場合が多いかも知れません。経験者はモラハラアンテナが立っていると言ってもいいくらいに、モラハラを敏感に察知するようになっています。しかし、その敏感さが仇《あだ》になる場合もあります。似たような言葉、似たようなシチュエーションに被害者心理が反応する場合です。言動やシチュエーションが、過去に経験したモラハラと似ていただけで、あなたの人格を攻撃してきたわけではない場合です。

　モラハラパーソナリティではなくても、口調がきつくなったり、その時の精神状態が表に出てしまったりといったモラハラ的態度をしてしまった人に、過剰にイライラしたり傷ついたりしてしまう。あの言葉は、あの態度はモラハラパーソナリティに違いないと決めつけてしまう。そうしたときは、被害者心理が「今」を反射的に判断してしまっていることが多いのです。

　反射的に判断し、相手を拒絶した場合、その相手に何かをされたか否かに関わらず、大きな怒りが心のなかにわき起こります。これは、過去のモラハラ経験への怒りであって、今の相手に持つ必要のない怒りになります。被害者心理を無視することによって、物事の全体像が見えなくなってしまった状態です。

　一枚の絵を鼻先がつくくらい近づいてみると、絵の全体像を見ることができません。つまり、私はモラハラを知っているから大丈夫だ、と物事を近視眼で捉えている状態です。間近で見ていた絵を数歩下がって見るとその全体が見え、絵を味わうことができます。それは、自分や相手を含めた全体像を客観的に見るということ。全体像を見るとは、自分の被害者心理から来る感情も見つめ、現状をしっかりと捉えていくということです。

　相手の言動にイライラする、なんだか心がざわつく。モラハラかもと思ったら、まず、対象の人物から距離を置いて眺めることが必要です。そのとき、相手にばかり注目するのではなく、なによりも自分を客観的に見つめてください。

モラハラ経験者が、再びモラハラパーソナリティに遭遇することはとても辛くしんどいことです。目の前の相手はモラハラパーソナリティかも、と慎重になるのは当然です。しかし、被害者心理によって、似たようなものにも反応してしまうのだということを意識し、アンテナが反応したら、自分や目の前の相手を客観的に見るようにしましょう。まず精神的に距離をとることが望ましいでしょう。それが「臆病になった」のではなく、経験者の慎重さということです。距離をとることと、拒否・拒絶をすることは違います。反射的に反応してしまうことは避けてほしいと思います。

被害者心理を認める

被害経験の記憶は確かにあなたを苦しめるでしょう。忘れてしまいたいことでもあるでしょう。しかし、それは過去に受けた経験であり、今現在受けている苦しみではありません。そして、その経験は恥ずかしいことやあなたの汚点ではありません。モラハラパーソナリティをパートナーに選んだのは私だ。モラハラパーソナリティに攻撃されるような問題が私にもあるのだと考え、モラハラの被害者になったことを恥・汚点と思ってしまう人がいますが、共に時を過ごしてみないとわからない、それがモラハラなのです。

自分ではないもっと完璧なパートナーであれば、彼はモラハラをしなかったのではないか、と考えてしまう被害者も多いのですが、完璧な人などいません。あなたがたとえ完璧であったとしても、モラハラパーソナリティはモラハラをします。あなたに腹を立ててモラハラをしているわけではありません。彼らは心のなかにそれこそ「封印」された苦痛や怒りを、目の前の対象（あなた）にぶつけてくるのです。自分の身近な人となった相手に対して、その人が何をするかに関係なく、ただモラハラは行われます。身近な存在こそ、本来は大切に扱うものですが、モラハラパーソナリティはそうではないのです。あなたが、あなたにとって大切な存在である相手を喜ばせようとどれだけ尽力しても、モラハラパーソナリティの相手には当たり前。それどころか、あなたに自分の心の問題を流し込む、それがモラハラです。

そして、そういう人であるということは、身近な存在にならないとわからないことなのです。

決して、自分を恥じないでください。恥じるべきは、自分の心のゴミを身近で大切なはずの人に流し込む、モラハラパーソナリティである「加害者」なのです。

「パートナーにそんな相手を選んだのは自分の汚点だ」

夫婦や恋人間のモラハラを経験した人のなかには、このような思いがなかなか拭えない人がいます。けれども、それは汚点などではありません。

この人となら幸せになれそうだ、と相手のよい面を見て一緒に過ごすことを決めた。そのよい面を見ることの何が悪いのでしょう。その後、相手のモラハラパーソナリティの部分に気づき、離れることを選んだにすぎません。

モラハラパーソナリティをパートナーに選んだことを汚点と捉え、過去の出来事を無かったことにしようとすること（「封印」）は、相手のよい面を見いだす力や、悪い面に気づく力をも否定することです。どんな経験からも、得ているものは必ずあるのです。その経験から身につけたものをも無かったことにしてしまっては、その封印された時間には、ポッカリ空いた、大きな穴のような虚無感だけが漂うことになるのです。

経験は、経験としてどんなつらいものであっても、心の引き出しに収めてこそ先々に使えるツールとなります。経験が心の引き出しに収められ、ツールとなるまでには、時間がかかるでしょうし、辛さを伴うでしょう。しかし、この時期こそ大切なのです。

封印して表面的には無視しても、モラハラ環境で感じてきた怒りや悲しみの感情は必ずにじみ出てきます。押さえ込めば押さえ込むほど火山のマグマのように底の方で沸々と煮えたぎり、思いがけないところで噴火し、マグマがあふれ出てきます。

噴火した感情は、自分ではコントロールできません。流れ込む場所を求め始めます。そうなると、他者を傷つけることさえしてしまいます。ひいては被害者経験によりモラハラパーソナリティから無自覚に学習した攻撃行動を、他者に行ってしまうのです。無視してきた被害者心理が噴火した時、人は、他者を傷つけても自分に原因を認めようとしません。無視してきた感情が噴火していることに気づきません。万一気づいたとしても、その気づきを認めるとさらに辛くなるため、相手が悪いから私がこんな態度を取らざるを得なかったのだと肯定したり、なかったことにしたりして、辛さからさらに逃げてしまいます。それこそ、モラハラパーソナリティの心の葛藤処理方法です。

自分の心の問題で、自分がモラハラパーソナリティのように必要以上に他者を攻撃し、傷つけてしまったと気づくのは、すごく辛いことです。自分をこの上なく情けない人間だと思ってしまうかもしれません。モラハラ環境で受けてきた傷が、あなたにそんな行動をさせてしまった。

しかし、あなたは、その行動にしっかりと気づき、向き合っている。だからこそつらいと感じ落ち込んでいる。その点がモラハラパーソナリティとは違うところです。

モラハラで負った傷が癒えていない状態で、自分のしでかしたことを認め、自分を省みる作業は、傷に塩をぬるような痛みが伴うことでしょう。しかし、しっかりとその自分を受け止めることができたなら、傷つけてしまった相手とまた言葉を交わす機会があれば、自分が過剰反応してしまったことを伝えて謝ることもできますし、その人と関係が切れてしまったとしても、次からは同じことを繰り返さないでおこうと心に言い聞かせることができます。

それができない、しないのがモラハラパーソナリティです。


被害者心理の存在をまず認めてください。今の感情は今の相手・出来事に対して相応な怒り、反応なのかどうかをしっかり見つめてください。それは、過去の自分と今の自分、両方を知っていないとなかなかできないことです。

モラハラ被害者・被害経験者は、自分の感情を大切にしなければなりません。それは、モラハラによって傷ついた感情も大切にするということです。様々な感情を認めていくことで、すべての経験が自分の心の引き出しに「ツール」として収まっていきます。

感情を大切にするということは、その感情のままに「反応」していいということではありません。怒っていたのだ、悲しんでいたのだ、つらかったのだという気づきをそのまま外にはき出せばいいということではありません。その感情をいったん抱きかかえるようにして、自分が今何を感じているのかを確認してください。その間、あふれ出た感情は、腕のなかで暴れるかも知れませんが、しっかりなだめて見つめてあげてください。わき起こった感情を即座に表現するのではなく、ゆっくりと次の行動を決めていくことが大切です。抱きかかえて感情を見つめれば、その感情はどこから来ているのか、何に向かっているものなのかなど、様々なものが徐々に見えてきます。

モラハラパーソナリティのモラハラ行動も、これまで封印してきた心の葛藤が、モラハラという行動でにじみ出てきたものといえます。あふれ出てきた感情に一切向き合わず、目の前の相手に流し込むことで感情処理を続けてきた人たちがモラハラパーソナリティといえます。様々なものを封印し続け、あげくにあふれてきたものの処理を誤り、それを固定化してしまった人たちなのです。

他者に流し込むという方法は、案外、簡単に出来てしまいます。モラハラを知らず知らずに学習した被害者ならなおさらです。

そして一度、他者に投げ込むという方法を知ると、何度もそれを使ってしまいがちです。そんなことをしでかしてしまった自分に気づき、向き合うことは、とてもつらいことです。しかし、そうやって他者に投げ込み続けると、いつしか、もっとも嫌ったモラハラパーソナリティと同じようになってしまいます。

辛くても、ゆっくりじっくり、自分に向き合ってください。「失敗は成功の素」という言葉があります。被害経験の傷がうずくことで、これからもこのような失敗をしでかしてしまうかも知れません。でも、それを恐れずにその都度認め、向き合っていくことが大切です、そうした失敗を受け止めていくことができるのが、モラハラパーソナリティではない人たちです。

2 モラハラ被害を生きる

モラハラの被害者は、心に多くの傷を負っています。見える傷ならば、治療しよう、薬を塗ろうと思えますが、心に負った傷は見えず、気づくことも難しいため、放置してしまいがちです。そして、心に負った傷は、まるでその人本来の性格であるかのように、その人の考え方や行動に表れます。

私はそれを、自分らしくないシールをぺたぺたと貼りつけられた状態と説明します。

モラハラの環境のなかで、モラハラパーソナリティに貼りつけられた様々な命令や思い込み（思い込まされている）。それらが貼られていることに気づけば、はがしていくことができます。もし、そのなかで気に入ったシールがあれば、残しておくこともできます。あなた自身で選ぶことができるのです。

でもまずは、貼られていることに気づく必要があります。

モラハラ環境から離れられない

今置かれている状況がつらいのに、なかなかそこを離れられない。もしくは、一度離れたのにまた元の環境に戻ってしまう。これらのケースは、モラハラ被害者特有の心理状態から来ています。

被害者は離れられない様々な理由をあげます。夫婦間のモラハラの場合は、「経済的に自信がない」「ひとりで子どもを育てていく自信がない」というのが圧倒的に多いのですが、被害者は、もはや本当にそうなのか自分で検討することさえできなくなってしまっている状態にあります。もともと自信のないパーソナリティであったというわけではなく、モラハラ環境でモラハラ攻撃にさらされ続けることで、自信をそぎ落とされているのです。

しかし、なかには自信をそぎ落とされた状態、すなわち「被害者心理」が、固定化してしまう人たちもいます。モラハラをする人たちをモラハラパーソナリティと呼ぶのならば、その環境から抜け出すことをやめてしまう人たちは「被害者パーソナリティ」と化していると言ってもいいかもしれません。個人の元々の性格が大きく左右している場合もありますが、被害者環境で変化した性格が、本来の性格より勝ってしまい、居座ってしまう場合です。それだけモラハラは人の心に影響を与える暴力なのです。モラハラから受けた心の傷は、自ら意識しないと気づきにくく、治りにくいのです。

気づきにくいと言うことは、本人も、周囲も、ケアを怠りがちになりやすいと言うことでもあります。

モラハラが辛いと感じながらもその環境からなかなか抜け出せないという場合、周囲の友人や家族、支援者は、「辛いものからまず距離をおいて、ゆっくりしよう」と指示的にならないように気をつけながら、声をかけてあげるとよいでしょう。自分の意思で物事を決定するにはまだ心が傷つきすぎているので、少しでもモラハラのない環境を作り出し、そこから、自分のいたモラハラ環境を客観的に眺められるようにするのです。それは、被害者心理まっただなかの人には難しいことです。すぐに行動できなくても見守ることが大切です。

「そんなに今の状態がつらいのに出ようとしないのは、もともとあなたが依存的だからじゃないですか?」とモラハラに詳しいはずの支援者にいわれたと言う人もいます。自分が一生懸命、助言しているのに一向に動こうとしない被害者の様子にイライラしてしまったのでしょう。

被害者は、自分にすっかり自信をなくしており、自分で物事を決められない心理状態になっています。モラハラパーソナリティに依存的にならざるを得ない生活を強いられてきました。そんな被害者が、支援者の関わりひとつで、即座に人生の決断をしてしまうのも実は問題なのです。悩み揺れ動く、他人から見たら歯がゆいと感じるこの時期こそ、被害者にとって大変意味のある時期なのです。

第三者にモラハラから離れるべきと助言されたから、そのようにするべきなのだと考えて、他人の言うとおりの行動をする被害者は、モラハラパーソナリティの意図通りに行動することが当たり前になっているため、別の指示的な第三者の意図通りに行動したに過ぎないともいえます。

「離れないのは、この人が言うように依存的だからだ。離れなければ」と、自分の心がまだ固まっていないのにもかかわらず、第三者の言うとおりに離れる決断をしたとします。離れたことで、「ひとりでは生きていけない」というシールが、すんなり剥がれるケースももちろんあるでしょう。しかし、たとえばタンスや冷蔵庫に貼りつけらたシールを無理矢理に剥がせば、剥がした後にべたべたしたはがし跡がついて汚くなることがあるように、心にも残りかすがこびりついてしまうことがあります。

「本当に、あれで良かったのだろうか」それが正しい選択であっても、自分の意思で決断したわけではないと実は知っているので、そのことがシールのはがし跡のように、被害者の心を惑わせることになります。

シール剥がしに失敗した場合、後処理の方が面倒で時間がかかります。

心が揺れ動くのは、自分に目を向けて、自分はどんな価値観だっただろう、自分はどうしたいのだろう、と必死で見つめる作業をしているからだともいえます。モラハラ環境のなかで染み着いてきた考え方や価値観と葛藤しているからなのです。モラハラ被害者について書かれているネットや本に「離婚するべし、離れるべし」と載っているから、他の被害者もそうしているようだから、なによりも支援者もそう言うから、と、自分の人生における大切な決断をあっさり下してしまうのは問題です。そのような時期こそ重要であるということを、支援者や助言をする人は認識し、無理矢理にシールを剥がそうとしないことが必要です。根気よくその時期につきあって、その人が自分自身の心で動けるようになることを応援しなければなりません。

自分視点・自分時間を大切に

カウンセリングの現場で、「相手視点、他人視点ではなく、自、分、視、点で行動を決めていけるようになってくださいね」と私は話します。

自分視点とは、いったいどういったものでしょう。

これまで、被害者は、モラハラパーソナリティの顔色をうかがいながら生活をしてきました。何をするにも、相手がどう思うか、どう感じるか、相手が不機嫌にならないか、といったことが意識的にせよ、無意識にせよ、行動基準の中心にありました。それを続けるうちに、自分視点を失ってしまうのです。それはモラハラパーソナリティ相手でなくともです。

これも、モラハラパーソナリティから貼りつけられたシール、つまり被害者心理のひとつです。

何か問題が起こった時に、モラハラパーソナリティから「あなたのやりたいようにやったはず」「決めたのはあなたでしょう」と言われると、あなたは、「確かにそうだ」と思う。しかしそれは、モラハラパーソナリティによって、相手視点の行動や決定をいつの間にか自分視点で決めているように思わされるという誘導があったはずです。

あなたの意見や思いを言葉にした時、モラハラパーソナリティは、自分のイメージ通りでなければ、「本当にそれでいいのか」といぶかしげな表情で聞いてくる。あなたが自分の意思でなにか行動しようとすると、「どうせうまくいかないんじゃないか」「なにかあったって、知らないからな」と、あなたのやる気をそぎ落とすようなことを言う。そうして、あなたが意見を変えたり、行動することを諦めたとしても、それはあくまでもあなたの意思で判断したということになっています。モラハラパーソナリティが止めたのでも、反対したのでもないという形になるのです。

モラハラを知らない人は、「意見を通せばいいのではないか」「反対されても自分がやりたければやればいいじゃないか」と思うかも知れません。被害者も、最初はモラハラパーソナリティを知らなかったわけですから、自分の意見を通せると思い、努めてきました。しかし、その後に訪れる目に見えない静かな心理攻撃は、心を不快の沼と恐怖の暗闇に導きます。言わなければ良かった、やらなければ良かったと、ジワジワと自分の考えや行動に後悔の念を植えつけていくのがモラルハラスメントです。それが毎日繰り返されるうちに、相手が不機嫌にならないもの、受け容れてくれるものが、思考と行動を決めていく上での指針になっていくのです。そして、いつしか自分の考えはどういうものなのかさえわからなくなってしまいます。

そして相手がモラハラパーソナリティでなくても、その人が不機嫌にならない、受け容れてくれるもの、ということを指針にして行動してしまう癖が、被害者にはついてしまいます。そんな被害者は、周囲の人や、特に支援者に強く助言されると、それに従ってしまうのです。

モラハラパーソナリティから離れた後も、心が揺れ動く時期は必ずやってきます。被害者が揺れ動く期間は、本人には辛さが、周囲の人間には歯がゆさが伴いますが、被害者であることをやめていくためになくてはならない時期です。

直ちに現在の環境から離れなければこの人はつぶれてしまうと判断して、「離れる」ことを優先させるケースもあるでしょう。私も、「一旦、実家に帰ってみるとかできますか」とクライアントに声かけをすることがあります。実家に帰る場合などは、「体調が悪い」「精神的に参っている」「少しゆっくりさせてもらいにいきたい」と相手に伝えるように勧めます。「そんなことを言ったら相手が不機嫌になる」「許して貰えるはずがない」などと言うクライアントもいます。しかしそれは、体調が悪いと伝えているのに、休むことを許さない相手ということではないでしょうか。

もちろん、実家など帰る場所があるケースばかりではありません。その場合は、自分だけの場所や時間を少しでも持つようにおすすめします。働きに出てみる、習い事、資格取得のための勉強をしてみるなどですが、モラハラパーソナリティは、言葉では「好きにすれば」と言いながらも、態度でその行動を否定するでしょう。本人も自信をなくしていますし、相手中心傾向の強い心理状態にあるため、実行する意思を持ち続けることは困難であり、実現するまでには、ずいぶん時間もかかるでしょう。

モラハラのターゲットに選ばれる人は、まじめで責任感が強く、それゆえに「続けられる自信がないのに、働きに行くなんてできない」と考えてしまう人が多いのですが、モラハラ環境ではない自分の世界を持つこと、自分を取り戻していくための場所や時間を確保することは、次の一歩を踏み出すきっかけになります。たとえ、続かなくても第一歩のためととらえて、自分を責めずにまず行動してみてほしいのです。

「夫の妨害もあって、すぐにやめてしまったけれど、仕事をしている間は楽しいこともあったし、私でも働くことができるんだと少し自信がつきました。一つひとつ自分に向き合っていこうと思います」と話しておられたクライアントもいました。

夫の妨害とは、先述した「態度で（被害者の）行動を否定する」ことをさします。不機嫌な態度はもちろんのこと、仕事や用事のある日に限って用事をいいつけるなどのモラハラ特有の行動です。それらを押し切って続けることは困難です。やめてしまった自分を責めずに、まずひとつ行動できた自分を褒めてほしいと思います。

働きに出たり習い事を始めるといった行動は、否が応でもモラハラパーソナリティ以外の人との関わりを持つことになります。他の人との関わりが、自分の世界を守り広げてくれる手助けをしてくれるのです。


けれども、そういった対外的な行動がまだできない人も多いはずです。そんな場合も、モラハラ以外の世界を少しでも持つようにしてほしいと思います。リラックスできるお気に入りのカフェを見つけてのんびりすることから始めてもいいでしょう。あなたにとって楽しい、落ち着くと感じる時間を少しずつ増やしてください。どんなささいなことでもいいので、モラハラ環境以外の自分の世界を持つということが必要なのです。それが第一歩です。

ただ、せっかくのんびりした時間を持つためにカフェにきているのに、考えることと言えば、結局モラハラのことばかり。ひとりで考えていると、落ち込んできたりして、ちっとも楽しくないし、余計に心が乱される、という人もこの時期には少なくないでしょう。モラハラのことで頭のなかがいっぱいに膨らんで、心が占領されているのですから当然です。そんな時は躊躇せずに、心が破裂してしまわないように、他者の手を借りて下さい。安全な場所のひとつとしてカウンセリングなどの利用も考えてみてください。モラハラ環境以外の「自分の世界」を見つけ、そこで自分時間を少しでも長く持てるようにして欲しいと思います。

あえて書き添えておきたいのは、このモラハラ以外の環境と時間を持とうとするとき、パチンコやアルコールといった依存性のあるものを選ぶ人も少なくないということです。自分のことをゆっくり考えたりリラックスができることと、嫌なことを忘れさせてくれることとは、全く違います。

依存傾向に陥らせがちなものは、モラハラを考えなくてもすむ時間を提供してくれるかもしれませんが、同時に自分を見つめることもさせなくしてしまいます。嫌なことを忘れた気分にさせるということは、先の章に書いた「封印」と同じことです。あくまでも、自分を見つめる時間を持つことを大切にしてください。

モラオは人格障害？

モラハラパーソナリティは、ネット掲示板などで「モラオ」と呼ばれています。一時期、「モラオは人格障害だ」という言葉が、被害者そして被害経験者のなかでひとり歩きしました。未だそう信じている人も少なくありません。

現在、「人格障害」という表現は人格否定の印象が強いという点から、「パーソナリティ障害」

という言い方に変わっています。

本来、「人格障害」という言葉は、自身の考えや行動により社会に適応することが難しい人がその苦しみに気づき、自分に向き合っていくための言葉でした。しかし近頃は、理解できない行動をする人に対して、周囲の人が「この人は人格障害だ」とラベルを貼るために使われる傾向が強くなってきています。

その人に振り回されている人が、自分を納得させるために、「この人は人格障害ですよね」などと、専門家にラベリングを求めるケースまで出てきています。

モラハラパーソナリティについても、被害者や被害経験者が、自分がされてきたことに対して、納得が欲しくて、ラベリングを求める。そして、「モラオは人格障害だ！」と強い口調で言う、ということがお決まりのコースになっているように感じています。

相手に対して「人格障害」「〇〇障害」という言葉を免罪符に使うことで、相手から離れていいのだと自分に言い聞かせ、自分に向き合うことをやめてしまうモラハラ被害者がいます。相手が人格障害だと思えば、自分は悪くなかったのだと、強く信じることができる気がするのでしょうか。

モラハラ被害者は、常に罪悪感を抱きやすい精神状態に追いやられています。モラハラパーソナリティから離れる選択をする自分にさえ、大きな罪悪感を抱きます。そのためモラハラパーソナリティのことを誰にでも説明でき、自分自身も納得できるラベルを求めるのです。モラハラパーソナリティというだけでは、第三者には伝わりにくいことを、被害者自身が一番知っているからです。

たしかに「人格障害である」というラベリングは、自分の意思で決定できなくなっている被害者には「だから、離れていい」と、背中を押してくれる材料にはなるでしょう。ですが反面、「もし人格障害でなかったら？」「相手が変わったら？」という思いがぬぐいきれず、離れた後も「あのとき、あれで良かったのだろうか」と、気持ちがいつまでも取り残されてしまうことも多いのです。ましてや、夫婦間の場合、相手が先に再婚したりすると、「新しいパートナーとはうまくいくんじゃないか」「モラハラをしないのではないか」と考えたりし、心がモラハラからなかなか離れません。

長年カウンセラーとして多くのモラハラ被害者とかかわるなかで、モラハラパーソナリティの相手が同じ人物だったというケースに遭遇したことがあります。あるクライアントが、モラハラに傷ついた末、夫と離婚しました。数年後、別のクライアントが、モラハラに傷ついてカウンセリングルームを訪れたのですが、そのクライアントの夫が、先に離婚したクライアントの夫と同じ人物だったのです。もちろん、カウンセラーには守秘義務がありますので、どちらのクライアントにもわざわざ伝えるということはしていませんが、こういったケースに遭遇したのは、一件だけではありません。

モラハラパーソナリティは、相手が誰であろうが、モラハラをします。一部の被害経験者たちは、そのことに「保証」が欲しいのかもしれません。人格障害という「免罪符」があれば、自分も周囲も納得させることができます。

しかし先にも書いてきたとおり、モラハラ的言動は、誰でもしてしまうことがあります。ストレスが溜まっている時に、つい誰かに当たり散らしてしまった、思わず普段ならしないようなキレ方をしてしまった、ということを誰もが少なくとも一度や二度は経験していることでしょう。その後の生活のなかで、そうしたモラハラ的言動に遭遇し、その人は人格障害というわけではなさそうだと判断したとき、「私の相手も人格障害ではなかったのではないか」「あの時、自分が我慢すれば良かったのでは」「もしかして自分の相手への接し方で相手も変わったのではないか」という思いを強めます。

モラハラパーソナリティのなかには実際に人格障害の人もいるでしょう。しかし、人格障害の人だけがモラハラをするのではありません。

拙著『カウンセラーが語るモラルハラスメント』でも書いたように、モラハラは、望ましくない自分の特性を他者に押しつける葛藤処理のひとつであり、自分の心の問題と向き合うのが辛いため、そうした方法に依存している人、そしてそれが固定化した人であるといえます。それをやめていくためには、本人の強い意志が必要であり、血の出るような努力が必要です。たとえば、アルコール依存や薬物依存などの依存症は、死ぬまで戦いが続きます。治るという表現を一般的には使いません。いつでも手を出しかねない依存対象に、死ぬまで手を出さなかった……そのとき、はじめて依存を克服した、といっても言い過ぎではないでしょう。アルコールや薬物依存のような依存症は肝硬変になるなど自らの体に影響を及ぼします。依存症であると、いやでも自覚する時（底つき体験）があります。けれども、自分の体を壊すなどの自分に不利益を及ぼさない、自分自身は痛くもかゆくもないモラハラに頼って、心の安定を保ってきたモラハラパーソナリティが「自覚」すること、それをやめるための血の出るような努力をすることは至難の業です。そして、たいていの場合、モラハラをすることに再び逃げてしまいます。

「人格障害」「○○障害」といった、理由をつけなくてもいいのです。免罪符は必要ありません。自分はそこに居続けられない、とあなたが思ったとき、離れればいいのです。

もし、つきあっていたボーイフレンドやガールフレンドが車からたばこのポイ捨てをする人だったとします。あなたはその行動に、自分と相手との道徳心や価値観の違いを感じて、別れることを選んだとします。その後、「あの人はポイ捨てをやめたかしら」「私と一緒のときはポイ捨てをしたけど、他の人の車に乗ったらしないんじゃないか」と、考えるでしょうか。その行動を見て、あなたは、その相手とのその後を判断しただけです。離れた相手のことを気に掛ける必要はありません。

多くのモラハラ被害者に関わってきて思うのは、人格障害であろうとなかろうと、そういう人とこの先も共に生きていきたいかどうか、自分を中心にした考え方を大切にしてほしいと言うことです。人格障害、○○障害でなくても、相手はそういうことを平気でする人であるということ。そのことをあなたは知ったということ。相手が変わっても変わらなくても、あなた自身が知ったことに基づいて、この先の人生を選択していくことが大切なのです。

受け身の態度の苦しさ

モラハラ環境にいる人（被害者）、いた人たち（被害経験者）は、相手の言いなりになってしまうだけでなく、相手の言動をすべて自分に関連づけて考えてしまう傾向があります。

たとえば、職場で同僚に挨拶したけれど、返事がなかったとき、多くの人は、「聞こえなかったのだなあ」「聞こえていたみたいだけれど考え事をしていたのかな」「今日は機嫌が悪そうだな……」こんな風に考えるでしょう。

しかし、モラハラ被害を経験した人は、「私が怒らせるようなことをしたのだろうか」「私が何かをしたに違いない」と考えます。あらゆることの原因が自分にあるととらえてしまいます。

モラハラパーソナリティに、「どうしてそんなに機嫌が悪いの?」と尋ねようものなら、モラハラパーソナリティは、必ず被害者のせいであるかのように言ってきました。自分の心の問題を被害者に引き受けさせるのです。「君はわかっていないね」といわれたり、不機嫌な態度でずっと無視され続けたりすると、「やはり自分が何かしたのだ」「悪かったのだ」と思わずにはいられません。

モラハラパーソナリティと被害者との間では、それが日常的に行われてきたので、被害者は「自分が悪いのだろうか」「どうしたら機嫌を直してくれるだろう」と相手を中心にして物事を考えずにはいられません。モラハラパーソナリティの言動をことごとく自分のせいかもしれないととらえて、神経質な毎日を過ごしてきた被害者は、誰の不機嫌な顔を見ても、言葉を聞いても、自分に関連づけてしまうようになってしまっているのです。

そっけない言葉遣いや荒っぽい言葉遣いをされても、相手の態度は自分が作り出していると感じ、それはモラハラパーソナリティから離れても続きます。離れたからといって、簡単に傷が癒え、影響が取り除かれるわけではありません。

モラハラ攻撃は、外から見ればたわいもないこと、よくあることのように見えてしまいます。

そして、モラハラパーソナリティは外では非常に良い人（良い人に見られようとする人）です。パートナーに静かな攻撃をしている人には到底見えません。第三者が見れば、被害者の方が些細なことに傷つきすぎているように映ります。「あなたの気にしすぎなのでは」と言われてしまうことも多く、被害者は「やはり私のせいなのだ」という思いを強めてもいくのです。

しかしモラハラは、モラハラ環境だけで行われる、いわば密室の暴力です。モラハラ環境は、じわりじわりと被害者の「思考の自由を奪う環境」です。被害者はそうした環境の中で、自分の思考に自信の持てない、自分で物事の判断をすることができない状況に追いやられていくのです。

なかには「そういった受け身の考え方は良くない。改めていくべきだ」と、よかれと思って助言する人もいるでしょう。けれども、被害者自身は、すでにそういった考え方は良くないと知っているのです。知っているので、そういった助言を受けるとなおさら否定の部分だけを受けとめて、「やはり私はだめなのだ」という思いを強めてさえしまいます。

助言者は、被害者が自分を追い詰めるような受け身の思考に陥っているとわかっていても、それをやめさせようとはせず、そういう考え方を被害者本人はどう感じているか、どうしていきたいか、ということを第一に考え、本人の方向性を応援してほしいと思います。よかれと思って発した助言によって、自分を否定されたと受け止めてしまう被害者もいるのです。

カウンセリングでは本来、カウンセラーが自分の経験や思いを伝えるということはあまり行いません。しかし、モラハラ被害者のカウンセリングの場合、被害者に「あなたはこうなのではないか」ということよりも、「私はこうだった。私はこう思ったけれど、あなたはどうですか」と、あえて例のひとつとして話すことがあります。被害者に客観的に自分を見つめてもらうためです。ただしその伝え方は、後に述べますが、自分の経験の投影にならないよう十分に気をつける必要があります。

そもそも、本人が変えたいと思わない限り、性格が変わることはありません。モラハラ被害者は、心の奥では、受け身の思考が自分のものではないと知っているので、どうして自分はこんな考え方をしてしまうのだろうと悩み、苦しむのです。苦しんでいることこそ尊重してください。苦しみは、新しい「こうありたい自分」を構築していけるという証拠でもあります。

「怒っていい」の誤解

相手の言動をすべて自分に関連づけて考えてしまう傾向がある被害者ですが、自分のせいだ、自分が悪いのだと落ち込む人ばかりではありません。そんな態度をとった相手に腹が立ってくる人もいます。なかには攻撃してしまう人さえいます。

先述したように、他者の態度や言葉を、モラハラパーソナリティと重ね、自分に向けられているものだと過剰に受け止めたり、悪意がある前提で受け止めたりするのです。モラハラ被害経験者は、二度と被害者になるまいと強く思っています。そのため、モラハラパーソナリティと似通った態度をとった相手に対して、過剰に反応し、理不尽な態度をされたと感じて、必要以上の怒りを覚えるのです。

これまでモラハラパーソナリティに対して怒りを表現することができなかった被害者は、今度こそは怒らなければと強く思い込んでいます。すると、自分がまたモラハラをされたと思った相手に、モラハラパーソナリティに対してのものと併せた怒りをぶつけてしまうのです。

ひどいときには、自分の気に入らない言動や、自分とは違う考え方を示されるだけで怒りを感じ、相手を攻撃してしまう人がいます。相手はただ考えを述べただけで、ちっとも否定していないのに、自分を否定された、不快だ、と相手が自分の考えを全面的に受け容れるまで攻撃する人がいます。もちろん、以前のように黙っていてはいけないと考えている本人は、攻撃しているつもりはありません。相手に攻撃していると指摘されようものなら、「やはりあなたはモラハラだ」と、烈火のごとく怒り出し、相手に有無も言わせなくしてしまいます。

被害者心理から生まれる怒りが向かう先はモラハラ的言動をした相手だけにおさまらず、「自分と考えや価値観が違う人に、自分を認めてもらおう」「自分の考えを相手に受け容れてもらおう」と躍起になり、自分のイメージした受け容れを示してくれない相手に怒りをぶつけてしまう場合もあるのです。相手が自分を全面的に認め受け容れてくれていると思えないと、拒否されている、否定されていると思ってしまうのでしょうか。目の前の相手がモラハラパーソナリティではないならば、あなたの心の境界を侵すことはしていないはずです。

モラハラパーソナリティに壊されてきた心の境界を取り戻そう、二度と侵されまいとしているのでしょうが、相手の言葉に耳を傾けず、自分の考えを相手に押しつけているその状態は、モラハラパーソナリティと同じ心の構図で行動し始めている「被害者の加害者化」といえる状態です。

自分が感じた気持ちを大切にすることと、感じた気持ちにそのまま反応することは違います。特に怒りの感情は、感じたままを反応し表現してしまうと無駄に膨らむ一方です。

被害経験者はモラハラという言葉に出会い、自分の置かれた状況に気づき、自己ケアのひとつとして、自分の意見を主張することを大切にし始めます。しかし、自分の意見を認めてもらえないことに過剰に反応してしまう場合は、被害者心理が悪い方向に影響しているといえるのです。

「私の意見が通らなかったのは、やはり私がだめだからだ」「私の意見なんて、（モラハラパーソナリティの）あの人が言っていたように、やはり世間で通用しないのだ」とモラハラパーソナリティに自分の意見を全く通してもらえなかったことが甦るとともに、「いや、そんなことはないはずだ」という思いもわきおこります、そして怒りの感情とともに、自分の意見を通そうと、被害経験者は躍起になってしまいます。そんなとき、「あなたはひどい。私はあなたにモラハラされた。傷つけられた」と、自ら再び、被害者を名乗る怒り方をする人もいます。相手は否定もモラハラもしていません。「自分は違う考えを持っている」とその人なりに伝えただけですが、その状態の被害経験者は、全面的に受け容れてくれないと許せなくなっているのです。自分の考えや価値観を受け容れなかったモラハラパーソナリティの代わりに、今の相手に自分の考えや価値観を受けいれさせようとしているかのようにです。

このように、他者の態度や自分の思いに過剰に反応してしまうことで、人間関係がうまくいかなくなるケースも多く、その結果、被害経験者は「私は、人とつきあえないような人間になってしまった」と思ったり、さらには、「私の周りにはモラハラばかりだ」といった思いさえ抱いたりします。

怒りをぶつける被害者は、自分が相手に怒ることは正しい行為だと信じています。自分は怒って当然の扱いをされたと、心が怒りという感情にだけ正直になっています。モラハラパーソナリティ相手に怒ってこれなかった被害者は「自分に嫌なことをされたら怒っていいのよ。怒りなさい！」そんな助言を受けたり、見たりするなかで、怒ることに抵抗がなくなっていきます。

そしてその嫌なことのなかに、自分の意見に賛成してくれない、自分の意見が通らないということを含んでしまうのです。ひどい場合は、自分と異なる意見を聞くだけで怒り出す人もいます。

SNS（ソーシャル・ネットワーク：インターネット上にある掲示板などのコミュニケーションの場。mixi、Facebook、Twitterなどが有名）などでも、自分と異なる意見に、ありとあらゆる言葉を駆使して、相手が折れるまで攻撃をしかける人をよく見かけます。また、自分の意見に届けられた感想や意見が自分にとって心地よくなければ「ひどい！　私は傷ついた」と、相手が謝るまで言い続ける。これも「被害者を名乗る怒り方」です。

相手に、自分を受け容れてほしい。被害者心理の影響を受けた心がそう強く願うのですが、受け容れてもらえないと非常に落ち込むか、怒りがこみ上げてきます。他者に認めてもらわないと、自分の自信を取り戻せない、自分を自分で信用できないと思っているかのようです。

「自分に嫌なことをされたら怒っていいのよ！」という助言、「怒ってもいい」というメッセージは誤解を招きやすく、「怒りの感情をいつでも表現していい」と、とらえてしまっている人が少なからずいます。

ですが「怒っていい」という助言の多くは本来、自分のなかに閉じ込めてしまった「怒り」の存在を認めましょう、という意味で使われていると思います。怒りの感情を封印してきた被害者に「自分はこれだけ怒っていたのだ」と気づく効果を期待しているのです。

「怒りを認める」ことは、被害者として麻痺させてきた感情に気づくという点で大切なことです。私はこれだけ悲しかったのだ、これだけ怒っていたのだ、これだけ辛かったのだ、と麻痺させていた感情に気づき、その感情は持ってはいけないものではなかったのだと認めていくことが大切だということです。でも、怒りを認めるということは、認めたその怒りを反射的に表出していいというわけではないということです。

被害渦中の人、そして心のケアを怠っている被害経験者は、気づいた感情に反射的に反応しがちです。

相手の言動はモラハラパーソナリティのように、あなたの人格を否定しているでしょうか。怒りを持ってしかるべきやりとりだったでしょうか。まず、距離を置いて眺めましょう。自分と異なる意見を目にしたときになぜイライラするのか、自分の考えを受け容れてもらおうという意識が強くなりすぎていないか、異なるものを否定する方向に心が動いていないか、自分を見つめて欲しいのです。

「他人は自分と考え方が異なっていてあたりまえ」「自分とは違うのだなあ。こういう考え方もあるのか」、かつてそう思っていたからこそ、モラハラパーソナリティの考えをなんとか理解しようと努めてきたのではないでしょうか。そして、一切、それを認めないモラハラパーソナリティの行動に苦しんできたのではないでしょうか。そんな他人の世界を認めることができるあなたを、モラハラパーソナリティは利用してきたのです。モラハラパーソナリティが利用するのは、あなたの欠点だけではありません。それどころか、あなたのすばらしい部分です。その部分を見失わないでほしいと思います。

今、目の前にいる人に無性に腹が立つ、イライラするならば、被害者心理の影響によってわき起こった感情ではないか、まず見つめてください。

相手の意見や態度が、あなたの人格を否定していないものならば、「自分とは違うんだなあ」「相手にも相手の考え方があるのだなあ」と、肩の力を抜いてください。そのこと以外では、意気投合できる、お互いに得るものがある相手かもしれません。

今、この本を読みながら、あなたは「怒ってはいけないのか」と自分を否定されたような気になっていませんか？　何かイライラしていませんか？　あなたの人格を否定しているわけではありません。被害者心理が起こしやすい心理行動を説明しているに過ぎません。

「腹が立たない」被害者もいる

「私はひどいことをされた。でも、腹が立たない」という人もいます。そういう人に「それはだめ！　怒りなさい」と、腹が立たないのは病んでいるかのように助言する人もいます。

怒りをため込んでいるのに表に出せないことは、確かに本人も辛いでしょうし、ため込んだ怒りを認めて行ければ楽にもなるでしょう。しかし、腹がたたない状態にも、それぞれの理由や心理の流れがあります。

モラハラを知り、怒っても無駄な相手であると考えている人に対しては、「怒りを表に出しなさい。怒らないのは不自然だ」というより、怒らないことを尊重する必要があります。確かに、自覚できていない心に沈んでいる怒りがあるかもしれません。しかし、人にはそれぞれ気づいていく速度や順序があるのです。

「あんなに酷いことをされたのに、腹を立てないなんて」と第三者が思っても、酷いことをされたからこそ、怒るよりもまず遠ざかりたいと考える被害者もいるのです。そうした被害者は、怒りを表現しなくとも、怒り以外の感情を一生懸命表現します。そうした表現をしていくうちに、あの時私は怒っていたのだなあ、と気づいていくこともあります。モラハラから遠ざかることを重視して生活するなかで、怒りは、出すことに躍起にならなくてもいい形に変わっていることもあります。

怒りはしょせんすべて出し切れるものではありません。そして、怒りの炎は膨らませることは簡単ですが、消すことは非常に難しいものです。その人の心の状態や順序を無視して、怒りを出すことを重視するあまりに、必要以上に怒りの炎を膨らませてしまうことは避けなければなりません。

「ひどいことをされたのに、腹が立たない私は、どこかおかしいんでしょうか？」

相談員・カウンセラーといった支援側の人に「怒るべき」と言われたというクライアントが、私の面談室で不安げに語りました。別のカウンセラーに「そんなにひどいことをされたのに、怒りの感情が出てこないなんておかしい。無理に感情を閉じ込めているのではないか」と言われたそうです。彼女は、「モラルハラスメントに傷ついた自分」そして「モラハラパーソナリティにひどいことをされた」という自覚も持っています。

モラハラパーソナリティに対して、「こんなひどいことができる人がいるんだ」と知った後、その相手から離れたそうです。不思議と腹が立たず、「自分とは違うし、自分にはそういう行動はできないが、できる人がいるのだ。そして、それは彼らの心の問題なのだと思うと、かわいそうにさえ思えた。でも、かわいそうだからといって、自分が助けてあげることはできないし、そんな気にもさらさらなれない」と語っていました。

もちろん、モラハラについて知った時は、心のなかで腹も立ったのだろうと思います。でも、腹を立てるほどエネルギーが残っていなかったのかもしれません。自分のこの先の人生に向き合うことで精一杯だったのでしょう。そのために、何よりも遠ざかることを選んだのでしょう。

「腹が立ってこないのはなにもおかしいことではないのですよ」と私は答えました。

腹を立てるほどエネルギーが残っていない状態の被害者に「怒りなさい」という助言は、モラハラパーソナリティに向かって残り少ないエネルギーを費やさせることになりかねません。再び怒ることは、モラハラパーソナリティに近づくことにもなります。

怒ること、そしてその怒りが増幅する状態を、エネルギーに満ちあふれてきたものと錯覚することがあります。怒りは一見エネルギーに満ちあふれているように見えます。

今まで怒りを表現してこなかった被害者が怒りをあらわにするのを見て、「怒りを出せなかった人が怒ることができるようになった」「エネルギーを取り戻した」と考えてしまう支援者もいます。挙げ句「怒り」を表現させることに熱中します。それは、変化を導いたという支援者側の自己満足であることも多いのです。

本人が怒りの状態をエネルギーに満ちあふれた状態だと錯覚すると、その被害者が動くためには、「常に何かに怒らなければいけない」「怒りという負のエネルギーのみで、その瞬間を生き延びる」という癖がついてしまう可能性があります。

「怒り」は取り戻せたエネルギーでは決してありません。被害者は、自分の速度で、自分の順番で、自分を取り戻していけばいいのです。それこそ、時間をかけて、慎重に。支援者はそれを見守るべき存在です。怒らない人を怒らせようとすることは、支援者側の「エネルギーを取り戻した被害者」のイメージを押しつけてしまっていないか見つめてほしいと思います。

被害者の「腹が立たない」にはいろいろな形があることを知っていてください。

なかには、怒りを昇華させることが上手な人もいます。確かに、本当は腹が立って煮えくりかえっているのに、「腹を立てるべきではない」と感情を封印してしまっている、気をつけなければいけないタイプの「腹が立たない」もあるでしょう。

それでも「腹を立てる」「泣いていい」といったそれこそ感情を指定してしまうような言葉は控えた方がいいのです。心にどんな感情があるのかをゆっくりと見つめ、本人が気づいていくことこそが大切なのです。

特に「怒り」は、暴走する危険性を持つ感情です。怒りを感じていない被害者に、怒りを無理に引き起こすことは避け、ゆっくりと本人が表現する感情に耳を傾けて下さい。

「怒りなさい」と言う支援者が最終的に目指すところも、怒っても仕方がない相手に怒り続けることをやめ、そのエネルギーを自分の人生に使うことのはずです。

被害者にとっては、「モラハラパーソナリティを見返してやる」「絶対にモラハラパーソナリティより幸せになる」といった相手に対する怒りの感情が、自分の人生へ向き合っていくためのひとつのきっかけになることはあります。ですが、それだけでは、自分の人生を自分らしく、いわば自分を主人公とした物語を描くことはできません。相手を見返すというように、相手を基準にしている限り、まだ相手を主人公とした人生を生きていることになるのです。

相手にモラハラをされてきた事実を認識した上で腹も立ってこないという心の状態は、怒りを無理に消そうとしているのでなければ、怒っても仕方がない相手に怒り続けないという、諦《あきら》める作業にさしかかっているのかもしれません。それが上手な人もいるのです。

「あきらめる」が変化した言葉であるとも言われています。ものごとをしっかりと見つめれば、腹が立つよりもあきらめの境地にたどり着くのかも知れません。モラハラ被害者が、その心境にたどり着くことが、モラハラ問題の着地点なのではないか、と多くのモラハラ被害者にかかわってきて感じています。

「あきらめる」とはネガティブな意味にとらえられがちですが、先述したように「あきらかにみる」が変化した言葉であるとも言われています。

モラハラ経験を忘れることはできません。忘れる必要もありません。しかし、経験をあきらかにみて、前向きな意味であきらめた心を持ち、モラハラから遠ざかってください。そうすれば、その経験は、あなたの人生のツールになりえます。少なくとも、そうなるように、じっくりと時間をかけて、傷ついた心をケアしていく必要があります。

支援者も被害者も、もう被害者を脱したといったカタルシス感を早く得たいと思っています。早く得たくて「怒らないと」「自分の出来事を話せるようにならないと」などと、回復した「イメージ」に囚《とら》われてしまいます。

先述したように、「怒り」はエネルギーが満ちあふれたような錯覚を起こさせるため、カタルシス感を得た気にさせることもあるのです。モラハラ被害からの回復とは、実はこのカタルシス感のないものでは、と考えます。ふと振り返ったとき、自分の人生の足下にある地層の一部に、モラハラという経験をした時代がおさまっていたと気づく瞬間がある。それこそ、回復に気づく瞬間といえるのかもしれません。もしかすると、回復という言葉も適切ではないかも知れません。「ここから回復」などというフラグは立っていません。気づいたら、その経験から得たものを使っている。それが、モラハラ被害者が被害経験者になるということなのでしょう。

「回復しなければ」と思う必要はないのです。モラハラパーソナリティのことを気にとめなくなっていて、自分の世界をちゃんと歩いていれば、かつてのモラハラ経験におびえる必要はないのです。時々その経験がいろいろなところで自分の心を突《つつ》くけれど、それをしっかり自覚できる自分がいる、と気づけたのなら胸を張ってください。その時、回復したというカタルシスを味わった記憶や実感を持っていなくても、あなたはもうモラハラ被害者ではありません。

敵か味方かにこだわってしまう被害者心理

モラハラ被害経験者が陥りやすい被害者心理のひとつに、まわりの人が敵か味方かにこだわるというのがあります。目の前の相手が自分に味方してくれるかどうかが、人間関係において重要になってしまうのです。そして、敵とみなした人をことごとく排除、時には攻撃さえする人がいます。

誰でも、敵を側に置きたくはありません。被害経験者にとってはモラハラ的な言動をする人は敵。しかも「自分がイメージしていたような声かけや行動をしてくれないから」「自分の意見を認めてくれなから」とそれだけで敵とみなし、排除してしまいます。

敵か味方かにこだわる。自分に味方してくれないものは敵。これらは、まさにモラハラ環境で受けた傷の影響、被害者心理のひとつといえるでしょう。

たとえば、あなたと誰かが意見の相違でぶつかったとします。ただ考え方が違っただけなのに、自分を否定されたような気がして、無性に腹が立ち、相手に自分の意見を受け容れさせようとします。これまで、モラハラパーソナリティ相手に、自分の意見をことごとく否定されてきたあなたは、自分の意見を主張することに一生懸命になり、攻撃さえするのです。

　また、あなたと誰かの意見の相違のやりとりを見ながら、どちらにも一理あるなと、その「一理」を伝えた人がいたとします。その人は、あなたにだけでなく相手にも同じように伝えているかも知れません。しかし、あなたは「自分の味方になってくれなかった」と、その人を責めたり、敵だと見なして距離をとってしまったりします。

　人は皆、同じ意見を持っているわけではありません。すべて同じでないといけないということはない、そのことをわかっているからこそ、あなたは、矛盾し、理不尽なことも多かったモラハラパーソナリティの意見に耳を傾けてきたはずです。しかし、モラハラパーソナリティは、あなたの意見を無視し、また否定するだけではなく、あなたの人格をないものとして扱う人でした。そして、そのモラハラパーソナリティとの日常的なやりとりによってあなたの心は深く傷ついてしまいました。モラハラパーソナリティはあなたにとって確かに敵です。しかし、そんな過去の辛い経験から、自分を全面的に受け入れてくれないと感じた目の前の相手を、「自分の人格を否定する敵」とみなしてしまっているのではないでしょうか。

　今の相手はモラハラパーソナリティとは全く別人である、ということを思い出してください。

　また、あなたと意見が合わなかった人の側についているように見えたその人は、相手と一緒になってあなたを責めているでしょうか。他者の言動に過剰に反応し、反射的に行動してしまう前に、少し見つめてみてください。

人は、これまでの自分の経験を資料にして、今起こっている出来事を判断します。モラハラパーソナリティに出会うまでの人間関係の資料もあなたは持っているのに、モラハラパーソナリティに取り込まれてしまったことでその資料が使い物にならないと思ってしまっているかのようです。モラハラパーソナリティ以外のこれまでの人間関係で得てきた資料の方が、本来の自分が積み重ねて得たものであり、今に適した資料のはず。それにもかかわらず、モラハラパーソナリティとの経験を第一の資料に用いてしまいます。そして二度と被害に遭わないためにモラハラパーソナリティを見抜かなければいけない、ということを人間関係の優先事項にしてしまうのです。また、自分が敵とみなした人に味方する人は、かつてモラハラパーソナリティを見抜けずに、自分の味方になってくれなかった人たちと同じで、決して自分の味方にはなってくれない。もし、自分が再びモラハラをされても、助けてはくれない……すなわち、私の敵であると考えてしまうのです。

この思考こそ、まだ、モラハラ環境での影響から脱していないということです。

「相手がモラハラかどうかを見抜かなければいけない」と思わなくていいのです。あなたは、モラハラ被害を経験しています。否が応でも、モラハラアンテナを手にしているのです。相手がモラハラパーソナリティであれば、そのアンテナがしっかりと反応を示します。そして、モラハラパーソナリティとは「距離をとればいい」と知っているあなたは、自分の意思で距離をとることができるはずです。今のあなたのアンテナは、まだモラハラ的言動にも反応してしまっているかもしれません。アンテナに慣れていないため、似たようなものまで拾ってしまっている状態なのです。慣れれば自由に使いこなすことができます。以前のように、どっぷりと被害に遭うことはありません。今のあなたは大丈夫です。自分を信じてください。

そして、敵であろうが、味方であろうが、それなりにうまくつきあえていた自分を思い出してください。

親を敵とみなしてしまう被害者心理

親はついつい、子の相手であるモラハラパーソナリティに対して、一般的な人物を想定し、「あなたにも、どこか我慢の足りないところがあったのではないの?」「気にしすぎということはないの?」と言ってしまいます。そんな親に対して、「自分のことを理解してくれない。親のその言い方は私を傷つける」と激昂《げきこう》し、攻撃的な言葉を浴びせてしまうことがあります。これは、被害者心理まっただなかの人に多く見られる傾向です。

被害者は、先にも述べたように、他者が自分を全面的に受け容れてくれない場合に、否定されているような受け止め方をしてしまうので、親に対してはなおさらその傾向が強くなります。

子どもの頃、自分の言うことを聞いてくれなかった親に対して逆ギレした経験が誰しもあるかと思います。まるであの頃のように、親に全面的に自分の味方をして欲しい、自分の思いを叶えて欲しいといった心境にとらわれます。モラハラパーソナリティに否定され続けて生活してきた被害者は、身近な人間、特に親に対して、全面的に受け容れられることを求めます。そして、自分がイメージしている態度を親から得られないとき、まるで子どもがかんしゃくを起こしているかのように振る舞います。

心が疲れているとき、親を目の前にすると、やはり誰しも子どもに戻ってしまうものです。モラハラ被害者はなおさらです。心が弱っているモラハラ被害者は、せめて親には自分の苦しみを理解し、全面的に同調してほしいと望みます。

いくつになっても、親を前にすると、心はやはり子どもです。親に甘えて失言してしまったというような経験が誰にでも一度や二度はあるはずです。甘えている自分に気づくからこそ、子どものままではなく大人になったといえるのでしょう。しかし、被害者心理で親を敵と見なしてしまっている場合、自分の態度に気づきません。親の方が間違っている。ちっともわかってくれないどころか、私が悪いような言い方をする親はひどいと思い込んでいます。

親であっても、モラハラの苦しさはわかりません。ちょっと冷静に考えれば、自分自身もモラハラの存在を知らなかったとき、この外から見えにくいモラルハラスメントを理解できただろうか、と思い至ることができるのではないでしょうか。心がひどく傷ついているとき、冷静な判断ができなくて当然です。親を敵のように扱ってしまうのも、ある意味、親に対しての甘えといえます。「どうして自分をわかってくれないのだ」「どうして私を全面的に受け容れてくれないのだ」と、傷ついた心が子どものように泣いている状態といえるでしょう。

「私は、親に自分の心の問題を流し込むというモラハラをしてしまったのでしょうか」

モラハラ被害経験者は、二度とモラハラの被害に遭いたくないのと同様に、自分がモラハラのような行動をしてしまうことを恐れています。私はクライアントに「モラルハラスメントは究極の甘えの行動のひとつだ」と話すことがあります。幼い子どもが、欲しいお菓子をスーパーで買って貰えないときに、その場に寝っ転がって泣き叫ぶような行動を大人が大人のやり方（言葉や態度）で行っているのです。

親に対するこのときの態度は確かに甘えです。モラハラを知らない親に、「私を全部受け止めてよ！　全部知ってよ！」と泣き叫んでいるのです。心理構造的にはモラハラに似ているかも知れませんが、「親にモラハラをしてしまったのではないか」と思えたのであれば、あなたはモラハラパーソナリティではありません。その気づきは、それだけあなたがモラハラ環境によって傷つき、モラハラパーソナリティから離れても、まだその傷がうずいているという発見なのです。

親にとっても、モラハラは理解しがたい、見えない暴力です。

「ああ、もしかすると、あれはモラハラだったのかも知れない」と過去に似た経験を持つ親であれば、ある程度はイメージできるかも知れませんが、それは、やはりあなたの経験とは異なります。

親がモラハラについてまったくイメージができないようであれば、げんなりすることなく、それだけ幸せな親に育てられたこと、そしてモラハラパーソナリティに出会うまで、安全な世界で生きていた自分を喜ぶくらいで丁度いいのです。そして、またその世界に戻ってきたのだと感じてください。そして今は理解できないかもしれませんが、モラハラパーソナリティに出会う以前の幸せの土台に、モラハラという新しい経験が加わった。あえていえば、傷ついた心をケアして、そのモラハラの経験さえ使いこなせるようになったら、あなたには「怖いものなし」ということです。

モラハラに傷ついて戻ってきた我が子の態度に驚き、また疲れ、何をしてやればいいのだろう、と悩む被害者の親御さんがカウンセリングルームを訪れることも珍しいことではありません。

被害者心理に包まれた状態の我が子に、親は非常に驚きますし、攻撃的な態度を取られて傷つくこともあります。攻撃されたときには、我が子の方がおかしかったのではないかとさえ疑います。

そうしたお話を伺うたびに、いくつになっても親にとって我が子は我が子なのだなあ、と感じます。我が子のことをわかっていると思いたいという気持ちが、親御さんから見え隠れするのです。

「モラハラを受けていた」と子どもから聞いても、モラハラを理解できない親は（当然のことですが）、被害を受ける前の我が子（自分がよく知っている我が子）を想定して、判断してしまいがちです。そして、我が子に対して親としてなにか助言をしようとします。その助言は非常に一般的で、やはり親の経験に基づいたものなので、残念なことにモラハラを経験した子どもには通用しません。たとえ同じ経験者同士であっても、その内容がどれだけ似通っていても、一人ひとり感じるもの、負う傷、その深さは異なります。

そうした助言を受けた子どもは、「自分を理解しようとしてくれない。それどころか自分を支配しようとしている」と親の言動に幻滅し、モラハラパーソナリティのコントロール性と重ね合わせ、親が自分にモラハラをしていると怒り出してしまいます。

力になってやりたいと思っても、我が子からの攻撃に傷ついた親は、もうなにも言うまいと思ったり、我が子を拒絶したりせざる得なくなることもあります。そうなると、お子さんはますます孤独感を深めます。「親はやはりモラハラなのだ」という思いを強めたり、「親にまで見捨てられる自分はどうしようもない人間だ」と思ってしまいます。

モラハラの影響で、親子関係がおかしくなってしまうのは、非常に悲しいことです。

「モラハラ被害を受けて帰ってきた我が子にどう接したらいいのでしょうか」

いつも通りでいいのです。ただ、モラハラパーソナリティについては、親であっても何もわからないことを知っておいてほしいと思います。そして、何よりも普通の人間関係における助言が通用しないのがモラハラだ、と知っていてほしいと思います。わからないことには意見はできないし、その意見は的を得ていないことを知っていてください。親の助言が逆に、子を追い詰め、苦しめてしまうこともあるのです。

「では、何もできないのでしょうか」

ただ、背中をさするだけでいいのです。熱を出して辛そうにフーフー言っている子どもを座らせて、説教する親はまずいません。そういうときは静かに見守り、何かほしいものはある？と尋ねるのではないでしょうか。

モラハラ被害者は、元気に見えても、心は熱を出してフーフー言っているのと同じ状態であると知ってください。被害者の我が子への接し方に過剰に怯える必要も、また傷つけまいとして言いなりになる必要もありません。これまでの子育てでしてきたように、あなたらしく接し、見守って応援してあげてください。あなたが育てた子だからこそ、モラハラに気づく力が備わっていたのですから。

夫婦間のモラハラに苦しみ、被害者が別居、または離婚をして実家に帰った場合、被害者にとってもその家族にとっても、意思疎通がうまくいかなくなるケースをよく見受けます。

本来なら助け合える家族であっても、何でもわかってやりたいと思っている親であっても、モラハラに関しては理解することが難しいものです。でも、わかるべき、わからないといけないとあせる必要はありません。

「実家に帰ってきた我が子は、実家を出て行った当時より、少し精神的に退行していると思ってください」と、カウンセリングルームに訪れた親御さんにはお話ししています。親御さんはどうしても、モラハラ被害に遭う前の我が子のイメージで接してしまうからです。

お子さんはもちろん病気というわけではありません。しかし、そぎ落とされてしまった自信や、感情を、再び一つひとつ本人が新たな経験を重ねることによって構築していく必要があるのです。弱って帰ってきたときは、ゆっくりさせてあげてください。弱った心を癒やす間は、ある程度、ただ黙って見守ってあげてください。それは、かつて行った親離れ子離れの作業に似ています。

元気が子に戻ってきたように思えても、親としての意見や助言を提供しようとせずに、親子の間にも「境界」をしっかりと設けてください。きちんと独立した大人として扱い、大人への応援を提供してあげて欲しいと思います。自立した関係が大切です。そして心を休め、癒やすために帰ってきた親の元を、我が子が再び巣立つときが必ずやってきます。


「お母さんは、私にモラハラをしている。ちっともわかってくれない。だから出て行く！　一切お母さんには頼らない！　私ひとりで生活していく！」と娘に言われて意気消沈していた親御さんがいました。聞くと、遠くに離れていくわけではなく、それこそスープの冷めない距離だと言います。

娘さんにそんな風に言われたお母さんは、確かにショックを受けられていた様子でしたが、「娘さんの回復に必要な過程だと思ってください」とお話ししました。

出て行くとき、乱暴な言葉を親御さんに浴びせていったとしても、やはり他人ではありません。また、親子ゆえの甘えからきた乱暴な言葉であることも多いものです。意識はしていなくても、自立しなければといった親離れ宣言をお子さんが自分に強いているともいえます。

もし、本当に親を頼らずに生活できているなら、ひとりでがんばれているお子さんを褒めてあげてください。そして、もし、助けを求めてきたら、「あんな風にいったくせに」や「ほら、やはり自分を頼らないとだめじゃない」と考えたりせずに、助けてあげてください。

「ほら、やはり自分を頼らないと……」という思いは、頼って欲しいという親心の裏返しです。再びお子さんが頼ってきたときは、無理せずにできること、やってあげたいことをしてあげてください。無理をせず、できること、やってあげたいことをすることは、親子の間であっても大人としての境界を保つという点で大切です。できないことはできないと伝えることが、相手を尊重するということにもつながります。自分が頼んだことを断られた、とお子さんが怒るようであれば、お子さんにはまだ大人としての境界が復活していないということです。また、逆に無理してお子さんのいうことを聞き、これだけしてあげたのに、と思ってしまうようでは、親も境界を保てているとは言えません。モラハラを受けて個人の尊厳や境界を破壊された子どもに境界線を引き、明確にすることは重要なことで、被害者心理のケアにもつながります。親だからこそ手助けの押し売りや安請け合いをせず、子どもがして欲しいことのうち、親のやってあげられること、やってあげたいことを無理せずにしてあげるといいでしょう。ただでさえ親子は境界をなかなか保ちにくい関係でもありますので、意識するくらいで丁度いいでしょう。

モラハラ被害者は、時間がかかっても、自分の力で生きているという実感を一つひとつ摑んでいくことが大切です。

大人の我が子は、別居や離婚によって実家に戻ってきても、そこでいつまでも保護されるべき「子ども」ではありません。大人としての自分の世界を確立していくことが、ケアにおいて大切なことなのです。

経済的に許されるならば、スープの冷めない距離で応援し合える関係でつきあうことが良いのでは、と多くの被害者やその家族を見てきて感じています。

また、あなたが、被害者である子の立場であれば、親に対して「理解してくれない」「わかってくれない」「自分への助言はまるでモラルハラスメントだ」と感じたとき、親は自分のことをわかって当然と信じていた子ども時代に自分の心が引き戻っていないか、のぞき込んでください。

親であっても、あなたの経験したモラルハラスメントは理解できません。

それは、理解できないくらい幸せな環境に暮らす親という、安全で安心な避難所があなたにはある、と考えてください。そして、親であってもモラハラは簡単に理解できないのだと、前向きな意味で諦めてください。親は理解できないが故に、あなたが傷つくようなことを言ってしまうことがあります。わからないが故の言葉なのだからと親の言葉に反応せずに、どうしても反応してしまう時は、あなたの被害者心理が親の言葉に反応していないか見つめてください。とりあえずその場を離れるといいでしょう。別に暮らしているなら、「あ、用事があったんだわ」と、切り上げて帰ってもいいのです。いっしょに暮らしているなら、その前向きな諦めをもって、あなたから話題を変えることもできるようになっていきます。

なかなか自分の辛さをわかってくれない親に対して、寂しい、悲しいと感じるかもしれませんが、親であってもわかってもらえないものだと認め、親にモラハラをわかってもらおうとするのではなく、この先の人生を頑張ろうとしているあなたをわかってもらうこと、応援してもらうことが大切だと思ってください。親だからこそ、モラハラが何か、どんなものかわからなくても、この先のあなた、あなたがあなたらしく生きることを応援してくれるはずです。

罪悪感＝戻ろうとする力に注意

モラハラの影響による辛い感情のひとつに罪悪感があります。

被害者は必要以上に、罪悪感を抱いてしまいます。

「本当に辛かった。自分がどうにかなってしまいそうだった。だから、自分の人生の選択として、あの人から離れて生きていこうと決めた」

それなのに、「彼（彼女）に悪いことをしたのではないか」「自分勝手な行動だったのではないか」という気持ちがわき起こってくる被害者が大半です。

自分のための人生を歩くこと、自分を大切にすることに罪悪感を抱いてしまうのです。

「なぜ、あのとき罪悪感を抱いたのか、今思うと不思議です」と、定期的にカウンセリングに訪れるモラハラ被害経験者が振り返ったことがあります。

被害渦中に抱く罪悪感は、自分がモラハラの被害者と気づけば、加害者について調べようとするのと同時に、被害者が陥る心理構造についても調べ、自分の状態を照らし合わせて、「これは被害者心理の特徴である」と言いきかせることができます。ですが、離れた後の罪悪感は、自分はもう被害を受けていない、被害者ではないと思っているため、モラハラを受けてきた影響と結びつけられないケースが多いのです。

長い間モラハラパーソナリティを中心にして生活をしてきた被害者は、心の大半をモラハラパーソナリティで埋めていたため、それを取り除く（離れる）と心にあまりにも大きな空洞ができてしまい、虚無感に駆られてしまうことがあります。

その大きな空洞を埋めようと、元の環境に戻ろうとする力さえ働きます。罪悪感は、もっとも手っ取り早い感情です。被害者は空洞を埋めるためにモラハラによって植えつけられた罪悪感を利用してしまうのです。

　モラハラから離れたら辛さから解放される、と多くの人たちはイメージしています。離れてからの影響にまで思いが及ばないことが多いため、様々な感情が心に押し寄せてくると、モラハラの影響と気づかずに、どうしていいのか戸惑います。

　モラハラパーソナリティを中心に生活してきた被害者は、モラハラ環境から離れることで攻撃にさらされることはなくなりました。しかし、相手のことを気に掛ける、相手中心に生きる癖は根強く残っています。モラハラ環境から離れてホッとしたのもつかの間、常に緊張していた心は逆にその緊張を再び求めるのです。今頃相手は怒っているのではないかと恐れる気持ちもありますが、それよりも、私がいなくなって相手は困っているのではないか、という思いを抱くようになります。実は、「困っていて欲しい」と望んでいる気持ちがあると言っても言いすぎではありません。モラハラの受け皿としてしか必要とされていなかった自分を認めたくないため、受け皿以外の部分で求められていると思おうとすることで、自分の存在意義をなんとか取り戻そうとしているのです。

　あなたが必要とされなかったのでも、あなたに存在意義がないのでもありません。モラハラパーソナリティが、モラハラの受け皿として必要としていただけです。モラハラパーソナリティが必要としていたのは、彼ら自身の心を守るために彼らの葛藤を引き受けてくれる「ターゲット」だけなのです。

渦中にいたときの罪悪感と、離れてからの罪悪感は、似ているようでいて少し違っています。渦中の罪悪感は、モラハラという暴力によって作り出されたものです。しかし、離れてからの罪悪感は、その作り出されたものがまだ残っていることに加えて、モラハラによって失ったものを取り戻すため、そして、モラハラパーソナリティのことばかり考えて緊張していた生活がぽっかり抜け落ちたあとの空洞をもう一度手早く同じもので埋めるために、そこへ戻る理由として被害者本人が利用しているものであるともいえます。

心にぽっかり空いた大きな空洞を眺めて暮らすことはとても恐ろしいことです。これからそこに何でも自分で好きなものを自由に選んで入れていけばいいのだ、と思えるようになるまでには、想像よりも時間がかかります。心が傷ついているのですから当然です。そんな時、元に戻れば、そこに今まで入っていた緊張感、不安、そうしたものが再び簡単にすっぽりとおさまるのですから、戻ろうという力が働いても無理もありません。

モラハラをされるということは嫌なことです。嫌なことであっても、イメージできない生活よりもイメージできる生活を選んでしまう（戻ってしまう）のは、心が傷ついているが故に、未知なるものに対する不安が膨らみ、イメージできないものを過剰に恐れてしまうからでしょう。

この未知なるものへの不安の原因は、モラハラパーソナリティによって「ひとりで生きていく能力がない人間だ」「自分がいないと、おまえはなにもできない」と言葉や態度ですり込まれてきた影響があります。これこそモラハラの影響・被害者心理です。モラハラパーソナリティから自信をそぎ落とされてきた被害者は、未知なるものに対して必要以上に強い不安を抱くのです。

本来、人生とは、未知なるものであり、イメージできないものではないでしょうか。モラハラパーソナリティに出会うまでも、不安を感じながら進んできたはずです。不安を感じながらもこんな風な人生を歩きたいと自分の姿を描きながら歩いてきた……。本当は先なんて見えていないのが「未来」のはず。それをあなたは知っていたはずです。

モラハラパーソナリティとの生活に戻れば、それまでと変わらないモラハラ生活が再び繰り返されます。

あなたはこの先、どちらの人生を歩きたいのでしょう。立ち止まって自分をしっかり見つめてください。

支援のなかに現れる報復感情

被害者のなかには、モラハラパーソナリティにそぎ落とされてきたものは、モラハラパーソナリティからしか取り戻せないと考えてしまっている人がいます。モラハラから離れ、今は攻撃にさらされず、自分のことだけ考えて生きさえすればいいはずなのに、モラハラ環境でそぎ落とされたものを、モラハラ環境で取り戻そうと無意識に考えてしまいます。

モラハラパーソナリティに謝らせよう、自分が今までいかに辛い思いをしていたかをわからせようとする行動もそのひとつです。報復感情です。ですが、それは、エネルギーの無駄遣いに過ぎません。

相手に自分が受けた辛さを理解させたい、そして謝ってもらいたい、その思いがさらに強くなると、相手を打ちのめして勝利したいとさえ考えます。相手から勝利を得ることによって自分の傷ついた心を立ちなおせることができると考えるのです。そして、被害者はこの行動を、「私はそれだけひどい目に遭わされてきたのだから、当然の行為だ」と肯定して、どれだけ暴言を相手に投げかけても罪悪感を持ちません。

この報復感情は、モラハラパーソナリティから離れた後で、もうすでに相手が目の前にいないのに続くことがあります。相手から離れたにもかかわらず、未だに意識がモラハラパーソナリティに向かっているのです。先述したような、似たようなシチュエーションや言動を生活のなかで受けたときに報復感情と言える怒りの感情が沸いてくるケースだけでなく、かつての自分と同じような被害を受けている人の支援をする中で表れてくるケースがあります。

被害者には、同じような経験をしている人を助けたい、モラハラ被害から脱する手伝いをしたい、と考える人が少なからずいます。支援者になりたい、カウンセラーになりたい、掲示板で被害者に助言したい、と形はさまざまです。同じような経験をしている人を助けたいという気持ちは、すばらしいことです。しかし、その「助けたい」には、実は誰かを助けることで自分を助けたいという意味合いが込められている場合も多いのです。

モラルハラスメントは、第三者にはわかりにくい見えない暴力です。経験者だからこそ、被害者の苦しさがわかるということは確かにあります。自分自身もモラハラによって辛い思いをしてきた。誰にも理解してもらえなかった。だからこそ、今悩んでいる人の力になりたいと思うことは、決して悪いことではありません。しかし、被害経験者が被害者を支援するには、少し慎重になる必要があります。

被害経験者は、ぽっかり開いた心の空洞にすっぽり入るものとして、同じような経験をした人がモラハラパーソナリティから離れることを手助けするという追体験を選ぶ場合が多く見受けられます。すなわち被害経験者の「助けたい」という思いは、自分の報復感情や心の空洞感を満たすための場合があるのです。

しかし、その場合、自分自身の心がその行為によって本当の意味で満たされることはまずありません。それどころか、いつまでもかつてのモラハラ環境に自分の心を置いた状態にしてしまいます。目の前の被害者からモラハラを追体験してしまうのです。そして、自分の経験はあくまでも参考資料のひとつに過ぎない、ということを見落としがちになります。モラハラパーソナリティの言動があまりにも似通っているため、支援対象者を自分と同一視してしまうのです。

感情と衝動に突き動かされるように、「苦しんでいる人を助けたい！」とのめり込むのではなく、距離を置いてモラハラ経験を見つめられるようになってからでないと、支援活動は支援者、被害者双方のためにはならないのです。

目の前の支援対象者に、「それはモラハラである」と言い切り、自分のとった手段を押しつけてしまうこともあります。本人はもちろん押しつけているつもりはありません。しかしそれはまるで、目の前の支援対象者が自分の助言に従うことで、「自分のとった行動は間違っていなかったのだ」という再確認をしているかのようです。そんな場合は、自分の助言どおりに相手が動かなければ腹さえ立ってきます。「自分の取った行動が間違っている」と言われているような気になるからでしょうか。自分の助言どおりに被害者が動くことによって、過去に自分が行った行為が正しかったと裏づけられたような気がして安心するからでしょうか。「かつて自分のとった行為が間違ってはいなかった」そして「その自分の行為が他者をも助けた」と、他者を使って失った自分の自信を取り戻そうとしているからでしょうか。でも、どれだけ似通っていても、自分の経験とは違います。

助言したい、その助言に相手が従わなければがっかりするといった気持ちが強い場合は、要注意です。

被害者心理を自覚できていない被害者が、他人を「助ける」行為を通してモラハラを追体験してしまうことは、モラハラ環境に未だに身を置いている状況を作り出します。そうすると、既にモラハラ環境から脱しているにもかかわらず、心は自分の認識とは反して、どんどん被害者心理の奥底にはまっていってしまうのです。しかし、自分では被害者を脱したと信じているので、その影響でとる自分の行動に気づくことができません。

そうした自覚のない自分を満たすための行為は客観性に欠け、もはや支援とは呼べません。その発言は、目の前の被害者のために発する助言ではなくなっていることが多く、支援対象者の為にならない助言や指示をしてしまう場合が生じてきます。これは、支援対象者にではなく、まだ傷ついている自分へ言葉を発している状態になっているからです。そして、支援対象者の背後に見え隠れするモラハラパーソナリティと過去の自分の相手とを重ね、自分の相手に向けられなかった怒りや、そこから出る言葉を提供してしまうのです。もちろんそれは無意識に行われます。

被害者・被害経験者は、自分と他者との境界を、モラハラパーソナリティによって破壊され、侵入され続けてきました。そのため、様々なシーンで他者との境界が曖昧になってしまうことがあるのです。

たとえば、これまでにも述べてきたように「他者を反射的に拒絶」したり、「知らぬ間に他者の世界に介入」してしまったりします。被害者・被害経験者の多くが、人間関係がうまくいかないと感じることの要因は、この他者との境界の曖昧さゆえです。同じような経験をしている人を目の前にすると、なおさら境界が曖昧になって、同一視してしまいます。自分とは異なる他人の経験であることを見失ってしまうのです。

そうなると、自分の相手から得られなかったもの、自分の相手に向けられなかったものを、支援活動、そして支援対象者を通して、支援対象者の相手から得ようとしたりぶつけたりしてしまいます。また、モラハラ環境で満たされなかった思いを、支援活動で得ようとしてしまいます。それは、支援対象者から必要とされること、感謝されることを、欲したりするのです。それが得られなければ、先述したように、自分の相手への怒りを重ねて、支援対象者に怒りを向けさえするのです。「助けたい」という思いに反して、被害経験者が被害者を傷つけるということさえ起こってしまうのです。

特にインターネットの匿名の掲示板などは、そういった感情の矛先を向けることが、たやすい環境です。自分や相手の顔も名前もわからないため、簡単に、決めつけの自分流の意見を述べることができてしまいます。もちろん、悪意ではないので、誰も責めませんし、誰かに責められるようなこともしていません。しかし、厳しい言い方になりますが、相手の人生に最後まで責任を負う必要もないので、その影響を考えずに簡単に書けてしまいます。自分の意見が受け入れられなければ、簡単に攻撃的にもなれてしまいます。そして、被害経験者がモラハラ環境の経験を反復し、追体験するには丁度いい場所なのです。

「それでは、似たような経験をしている人がいても無視しろというのですか。苦しんでいる人に助言してはいけないというのですか？」

誰かを助けたいという気持ちがまるで義務感のようにわき起こる時、このことを思い出して欲しいのです。同じ経験をしているからといって目の前の人のことがわかるわけではないということ。経験者ゆえに客観性を保てなくなることがあるということ。自分では意識していなくても、自分の感情が入り込んでしまう、境界を越えて感情移入してしまう可能性があるということ。そして無意識に追体験をすることによって、自分の被害者心理を知らず知らずにさらに傷つけ続けてしまうということ。これらのことをしっかり頭にたたき込んでおくことによって、自分の心や、そこから出てくる言動を意識でき、その言動をちゃんと選び、そして責任を持つことができます。

「それはモラハラです。離れた方がいい。離れるべきです」「黙って家を出ればいい（家出を推奨している）」と話すのと、「モラハラというものがありますよ」「攻撃にさらされない場所で、ゆっくり考えてみるのも必要かも知れませんね」と話すのでは、支援対象者に対する距離の取り方が随分違ってくるように思いませんか。被害経験者は、かつての自分と同じような経験をしている人に対して慎重に接し、客観的視点を持つべく、常に意識していなければいけません。

「あなたのためを思って」といいながら、ターゲットを貶《おとし》め、支配していくモラルハラスメント。その「あなたのためを思って」のほとんどは、その言葉を発する人自身のためのものだということは、モラハラを知った人ならわかっていることだと思います。

しかし、被害者心理にどっぷり浸っている人は、この「あなたのためを思って」という発想をしてしまいがちです。特に、先述した、自分の心を満たすための支援活動に夢中になりすぎている人たちがやりがちです。自分のためではなく、この人のためにやっているのだと信じようとして、「あなたのため」を振りかざしてしまうことがあります。もちろんモラハラパーソナリティではありませんので、相手を貶めようという意図はないでしょう。しかし、「あなたのために」と自分流の支援手法を押しつけ、その通りに被害者が行動しなければ、せっかくの助言を受け容れない相手にがっかりして見せたり、ひどい場合は「あなたはモラハラから逃れたいと思っていないのですね」などと言い放ってしまう支援者もいます。

言葉で直接被害者にそこまでひどいことを言わなくても、「この人のために言っているのに」と、内心では非常にがっかりする気持ちがあるならば、相手が自分の言うとおりにしてこそ自分の心が満たされるという状態に陥っていることのシグナルです。

被害者は、モラハラパーソナリティから受けた影響で自分の思いを他者に伝えられなくなっている上に、支援者は自分のために正しいことを言ってくれていると思っているため、その助言に違和感を抱いたとしてもそのことを言えず、言いなりになりがちです。

また、支援者の助言通りに自分が行動できずに支援者をがっかりさせてしまったと感じると、「やはり私はだめな人間なのだ」という思いを強めてしまいます。

最終的に被害者にとって大切なのは、自分で選択できるようになることです。モラハラパーソナリティから離れるも、そこに居続けるも、自分で選択した行動に意味をしっかり見いだせたなら、それは大きな前進です。自分で選択するという力を持つことを支援者として応援できたなら、あなたの助言を受け入れず、モラハラ環境に居続ける選択をしても、それを尊重しなければいけません。たとえ揺れ動いていても、その時期を見守らなければなりません。

被害者の選択を認められない、また被害者にそう思わせてしまうようでは、本当の意味での支援者とはいえません。「あなたのため」という「自分のための行為」を行っていないか、少し立ち止まって省みて欲しいと思います。

もちろん、被害者を支配したり、貶めたりといったモラハラパーソナリティのような面はないとしても、自分の心を助けるために他者を使うという面が根底にないか、よく見つめて欲しいと思います。

被害者の加害者化

人は辛さから様々な逃げ方（防衛規制）をします。誰でもが日常のなかで当たり前に行っている心の動きで、それ自体は悪いことではもちろんありません。一度用いてうまくいった逃げ方は、自分の方法として常習化しやすいものでもあります。

加害者はかつての被害者であった、そういう考え方も根強く存在します。加害者は、心のうずき、痛みを感じないようにするためにモラハラという手法に逃げてきた人たちです。そして、それが当たり前となった人たちです。長年、葛藤処理の方法として、自らモラルハラスメントを使ってきた加害者は、その手法がすっかり染みついていて、それをやめるためには、使ってきた何倍もの時間と労力が必要になります。これまで無視してきた様々な心の問題にむき直すのは至難の業です。

被害者心理の影響で行う様々な行動も、構造的にはモラハラパーソナリティのそれに似ています。

被害者・被害経験者は傷がうずく時、悲しみ、落ち込み、自己卑下感、怒りといった様々な感情がわき起こってきます。そしてそのわき起こる感情に即座に反応をしてしまいがちです。わき起こる感情は、今の出来事に対するものだけでなく、モラハラ環境で押し殺してきた感情であることが多く、被害者・被害経験者は、それを、すでに安全だと感じている場所や相手に、はき出してしまうことがあるのです。まさに、自分の心の問題を今の目の前の人を使ってはき出ししてしまうのです。

それは傷ついた心がうずき、もがいている行動です。多くの被害者は、そのもがきによって起こした行動に気づき、悩みます。元々そういう資質をもっていれば、またモラハラパーソナリティであれば気づくことはないし、悩むこともありません。そもそも、自分の行動を自覚することができません。

自覚して、それをしたくないと思い、やめていくことができるなら、モラハラパーソナリティではありません。

しかし、それに気づかず、また、気づくことはとても辛いことなので、気づくことをやめてしまい、続けていくと、いつしか、それは固定化していきます。それが、「被害者の加害者化」と言われる状態なのです。

何度も繰り返しますが、わき起こる感情に即座に反応するのではなく、立ち止まることが大切です。モラハラという暴力を受けた経験は消えることはありません。身体的な傷ならば、時間が癒やしてくれるでしょう。しかし、心に受けた傷は、時間が癒やしてくれるというものではありません。

傷がうずいたとき、自分自身で傷を撫で、抱きしめ、いたわってください。そしてうずいた瞬間こそ、痛みを無視せず、その痛みを感じることができる自分を信頼してください。そして、うずきが語りかけるものに耳を傾けていくことができる自分であると信じてください。

ここまで書いてきた、被害者・被害経験者が陥り、起こしやすい心的行動を、自分のなかに見つけた人は、誰かを傷つけたかもしれない、自分は加害者化したかもしれないと、それこそ心がざわついたはずです。そして落ち込んだり、悩んだりした人もいるでしょう。しかし、心がざわつき、悩むならば、そのことこそあなたがモラハラパーソナリティではないという証拠であり、同時に加害者化するかしないかの分岐点に立っているということでもあるのです。

前にも述べたように、モラハラパーソナリティは相手が変わっても同じ行為を繰り返すのが特徴です。それは、自分の行動を、自分の心の状態が起こしたものと思わず「その相手だからこその行動」と肯定できてしまうからでしょう。

自分が誰かを傷つけたことを認めるのは、とてもしんどい作業です。そのしんどさを引き受けて、誰かを傷つけたであろう自分と向き合っていけるならば、あなたはモラハラパーソナリティではありません。

モラハラという暴力を受けて傷ついた心が起こした、一つ二つの行動を自分のなかに見いだすだけでも辛いのですから、モラハラパーソナリティが、長年自分のしてきた、そしてそれを肯定し、無視してきた行動を省みる作業は、簡単なものではありません。これまでの価値観や生き方、考え方をごっそりと変えていかなければならないのですから。

しかし、被害者・被害経験者の人たちは違います。そもそも、被害者・被害経験者の行動は、モラハラ経験と似たシチュエーション、似た言動をした相手、または自分を理解してくれないと感じる相手に対する、モラハラの被害者心理からくる過剰反応で、その大半が元来の性格から来たものではないということが明確です。

自分の傷がうずいている、そして今の相手は自分のかつての相手・モラハラパーソナリティではない。これはかつての相手への思いがわき上がっていると気づけたなら、その感情を落ち着かせていくこともできます。

しかし、モラハラパーソナリティは、自分の感情がどこから来ているのか、既に見つけられなくなっていますし、見つけることが辛すぎる状態になってもいます。自分が惹かれてパートナーに選んだ相手を、自分の心の問題のゴミ箱として使い始めるモラハラパーソナリティのモラハラ行動は、モラハラという手法が既に常態化し、性格化したともいえる状態に落ち着いてしまっており、被害者・被害経験者のものとは根本的に違うのです。

被害者・被害経験者は、モラハラという暴力に遭う前に築いてきた本来の自分があります。モラハラパーソナリティは、自分の言いなりになるような、それこそ凹と凸のような相手をパートナーに選びません。しっかりと自分を持っているすばらしい人をパートナーに選びます。そして、そんな人を自分の世界に置き、モラハラをして、言いなりにしたり落ち込ませたりすることによって、自分の自尊心や心を守るのです。被害者になったあなたは、本来、自分をしっかり持った、すばらしい人なのですから、たとえ今、モラハラの影響で心が弱っていたとしても、必ず自分を取り戻し、モラハラの経験さえプラスに変えて、自分の人生で活かしていけるはずです。

「私は被害者の加害者化となってはいないでしょうか」「自分を苦しめてきたモラハラパーソナリティと同じことをしてしまった」と話す大半の被害者は、自分がしてしまったであろうことに気づき、ショックを感じています。しかし、気づいた瞬間から、人はいつでも、望む方向に変わっていくことができます。そして、誰しもがモラハラ的行動をしてしまうことがあることを認識しながら、都度、その苦しみと向き合い続けていくのが、モラハラパーソナリティではない人たちです。

被害者心理が影響している行動を綴っていると、被害の段階によっては、本書を投げつけたくなる人もいるだろうし、落ち込んでうずくまってしまう人もいるのではないかと感じます。しかし、それらはモラハラという暴力を受けてきた影響なのだと知って貰えたならば、そして、その影響を乗り越えていこうと思えたならば、加害者化することはない、という確信の元で、私は綴っています。

「確かに自分にはこういう部分があったかもしれない」と気づける人は、モラハラパーソナリティではないし、そうなることはないはずです。

弱者という立場を利用した加害

被害者心理が反応して加害者化するのは、攻撃的な言動をする場合だけとは限りません。攻撃的な言動をしてしまった場合は、「自分らしからぬ態度」に気づきやすいのですが、弱者という立場を使っての過剰な態度は、本人も気づきにくく実は厄介です。攻撃的な態度ではないものの、それは非常に攻撃性、コントロール性が強いものなのです。

たとえば、自分のイメージ通りの態度が相手から返ってこなかったとき、自分が予想していなかったようなことを指摘（助言）された時、「あなたの言動に私は傷ついた。あなたは私にひどいことを言った」と、訴える人がいます。

そして、傷つけられたと思うと、もうその相手に話し合いの余地も与えません。自分を傷つけた人、というラベルを貼ると同時に相手を拒絶します。傷つくということに過剰に反応してしまいます。

傷ついたということを相手に伝えることが悪いのではありません。しかし、相手に思いを伝えようというのではなく、相手からイメージ通りの行動を引き出すため、相手に何も言うことをできなくするために弱者という立場を利用していることが問題なのです。弱者という立場を利用して相手をコントロールしようとする態度は、「弱者という名の加害者化」といえます。

攻撃的でヒステリックな言動であれば、コントロール性や支配性が含まれていることに言われた相手も気づきますが、弱者を前面に押し出しての言動は、傷つけるなどと思ってもみなかった相手を驚かせます。さらに傷つけることになってはいけないと考える相手に、何も言えなくさせてしまうのです。相手が「なんとかわかってもらおう」「誤解を解こう」「傷つけたのなら謝ろう」としても、それさえ自分を攻撃していると訴えます。時には周りを巻き込んで、いかに自分がその相手に傷つけられたかを言葉や態度で訴え、理解者を募ろうとさえします。モラハラパーソナリティから得られなかったいたわり、承認といったものを、過剰なまでに今の相手や周囲に求めてしまうわけです。

「認められたい」「傷つきを理解してもらいたい」という思いは誰にでもあるものです。しかし、その思いのなかに、今の目の前の相手に向けるべきもの以外のもの……モラハラ環境で得られなかったものを取り戻そうとしている被害者心理の影響が含まれていないかよく見つめてください。

自分のイメージ通りの態度を相手に要求するために、そして自分の行動を肯定するために弱者という立場を「免罪符」とすることとは、「自分を守るために他者を利用する」ということ。立場を利用して相手をコントロールしようとしていることです。モラハラパーソナリティも静かなモラルハラスメントとしてこの方法を使用します。そして最もモラハラと認識しにくい手法なのです。

傷を認めること

現在進行形でモラハラ攻撃を受けている被害者が心に傷を負っているのは当然のことですが、モラハラパーソナリティから既に離れた被害経験者にも、心に深い傷が残っています。モラハラパーソナリティから離れれば、何もかも元通りになる、元気になると思っていたけれど、どうもそうではないようだ……と多くの被害経験者が、傷のうずきに苦しみます。

「どうしても自信が持てません。人の顔色をうかがってしまいます。その反面、心のなかではすごくイライラして怒りを抱えているのが自分でもわかります」

精神的に不安定で、こんな自分だっただろうか。もともとこういう性格だったのだろうか。原因を自分へ、自分へと向ける被害者・被害経験者……。

「もともと自信があったというわけではないし……」と言う人でも、その自信のなさは、モラハラ被害を受ける前より大きく増幅しています。

心を不安定にしているものの正体がわからなければ、なおさら不安でいたたまれなくなるでしょう。自分はすでにモラハラ環境から離れているのに、どうしてこんなに辛いのだろうと。

必要以上にモラハラパーソナリティの顔色を見ながら自分の行動を決めなければいけない生活をしていた癖は、モラハラパーソナリティから離れてもすぐには抜けません。辛さ、自信のなさはかつてのモラハラ攻撃の影響を受けているためで、モラハラ環境から脱してからも、目の前の相手から少しでも不機嫌が感じられると、自分のせいにしてしまいがちです。どんな相手に対しても顔色をうかがって、相手を怒らせないようにといったことを中心に行動を決めてしまいます。人の顔色をうかがってばかりいる、根拠なく自信がない、そんな自分を見つけて、被害者・被害経験者は、本来の自分はそんな自分ではなかったはずと、イライラしたり落ち込んだりします。

それらは、モラハラで受けた傷がうずいているのです。モラハラ環境で長い間暮らしてきた癖が抜けていないのです。ですが、傷がうずくことを恐れないでください。気づいていることこそ大切で、気づいた癖は自分がやめようと思えば少し苦労はしてもやめることができます。

骨折して、治ったはずだけれど、天気が悪いとなんとなくそこがうずく。そんな経験をしたこと、あるいは聞いたことがある人もいるのではないでしょうか。傷がうずくことを恐れていては、天気が悪いというだけで、その日一日が憂鬱になってしまいます。「また痛むのではないか」と恐れてばかりいては、人生を天気に左右されてしまいます。「傷がうずいている。傘を持って出とくか」と、うずきをアンテナとしてとらえれば、人生のツールとなり得ます。モラハラの傷のうずきも同じです。

自信に満ちあふれていることだけがすばらしいわけではないはずです。自信に満ちあふれている人の方が案外少ないのではないでしょうか。自信がないということは、実は、こうありたい自分の姿、やってみたいこと、やり遂げたい何かがあるからこそです。そういったものがなければ、そもそも自信がないと感じることはありません。自信がないと語る人に、「それはしっかりと前を向いているからこその、変えていきたい、育みたい部分が見えているからこその感覚ですね」と私は話します。

一つひとつ、目の前にあることをこなしていくことで、自信は再び培《つちか》っていけます。モラハラ環境にいたときのように身動きがとれない今ではありません。やりたいことを、自分の意志とペースでやれるのです。かつては、うまくいかなかったことからも必ず何かを得てきたはずです。モラハラの影響を受ける前のそんな自分を思い出してください。

モラハラ環境でついてしまった癖を早く取り除かなければ、早く治さなければ、早く戻さなければと思わなくてもいいのです。モラハラ経験を足元の地盤に加え、これから新たな自分を作っていくのだと、ゆったり構えてください。人は毎日、自分を作り続けています。何も特別なことをする必要はないのです。

先述したとおり、被害者としての経験と心の傷は、記憶から消えることはありません。全くなかったことのように傷が記憶から消えてしまう方が不自然であり、問題があります。無理に忘れよう、消そう、としなくていいのです。今を生きることによって、記憶から遠ざかる時代は誰にでもあります。例えば、子ども時代の経験は、無理に消そうとしなくても記憶の奥底の方に埋もれてしまいます。しかしその経験は今につながっています。ああ、これは子どもの頃の経験からくる発想だな、子どもの頃の経験が活かされているのだな、とふと思い出すことがあるように。

モラハラの被害経験者も同じです。モラハラの傷跡さえも、この先の人生を彩る道具となっていくはずです。心に傷があることを認めてあげれば、そしてそれを恐れなければ、そのうずきの瞬間から何かを拾い上げることができるのです。

モラハラの被害者として、何をすべきか、どうやって心の傷を癒していくか、と躍起になるのではなく、こうありたい自分、こんな風になりたい自分をみつめながら生きていくことが一番の心の傷のケアに繋がるのです。

傷があることを認めながら、忘れよう、消し去ろうとしないで自然にそれを受け止めていく。今を生きていくこと。そうすることで、知らない間に傷み《いた》から遠ざかっていくのではないでしょうか。

3 家族関係のなかのモラルハラスメント

子どもに与える影響

子どもをもつ被害者・被害経験者が一番に気にするのは、「子どもがモラハラのターゲットになるのではないか」ということです。また、モラハラパーソナリティの言動を見て育つことで、影響を受け、「将来子どもがモラハラパーソナリティになるのではないか」と心配します。

しかし、モラハラ環境が子どもへ与える影響は、子ども自身がターゲットになること、子どもがモラハラパーソナリティになることだけではありません。実は、被害者の親も子どもに影響を与える存在なのです。

たとえば、被害者側の親の行動を見て、どんな嫌なことにも我慢して受け止めるという行動パターンを、子どもが学習するというものがあります。

モラハラを全面に受け止めている被害者側の親の姿を見続けることによって、「モラハラパーソナリティ側の親のように振る舞えば自分の思い通りにしてもらえるのだ、モラハラという行為は悪いことではない」と認知してしまうというのもあります。

また、子どもが自分の意見を言っているようでも、モラハラパーソナリティの親そして被害者側の親、つまり両親の意に沿うような意見や行動をしてしまったり、時に子どもらしいわがままも言うにしても、状況を察知して引っ込めてしまったりといった現象が起こります。

被害者側の親にとっては、モラハラパーソナリティに苦しめられている自分のそばで、おとなしく手のかからない子どもでいてくれる場合、なかなかその影響を問題視することはありません。見るからにシュンとして元気がない子どもならばさすがに気にするのでしょうが、モラハラパーソナリティの親にも上手に対応する、問題のない元気な子どもに見える場合は、その影響になかなか気づきません。影響に気づく頃には、取り返しがつかない事態になっていることもあるのです。


神経性無食欲症（拒食症）になったある女子学生が次のように話してくれたことがあります。本人は、自分の家庭がモラハラ環境にあることには気づいてはいませんでした。

「どんなことも、例えば自分の進路も、自分の自由には決められないのです。親の言うことを聞いておかなければ延々と怒られ続けるので、聞いておくほうが楽だから、もう諦めています。自分で自分の人生を決めたことはありませんでした。これから先もずっとそうだと思います。そんな時、痩せたいと思って、食べる量を減らしたら体重が減って嬉しかった。自分の管理で体重が減っていくのが気持ちよかった。せっかく減らした体重を、1グラムも増やしたくなかった。そうこうしているうちに、『拒食症』と呼ばれるような状態になってしまったのです」と、彼女は話してくれました。

もちろん、神経性無食欲症になる原因は様々です。しかし、彼女の場合、子どもの頃から「太っている」「ぽっちゃりしている」と、モラハラパーソナリティの親にからかわれていたこともあり、自分は太っていると思い込んでいました。そして、思い通りに決定できない、親にコントロールされる生活のなかで、唯一自分でコントロールしていると感じられた、極端な体重管理に走ってしまったようでした。また、ガリガリに痩せるとさすがの親も心配します。本人は自覚していなくとも、拒食症という手段は、家庭環境への訴え、そして復讐だったのかもしれません。

両親二人ともがモラハラパーソナリティではなくても、モラハラ環境で生き続けることを選び、被害者で居続けている親は、たいていモラハラパーソナリティの心模様にあわせた生活を送ります。モラハラパーソナリティの相手がいる間は機嫌を損ねないように、怒らせないように、といったことに神経をすり減らします。そして、同じことを子どもにも要求します。

「お父さん（お母さん）の機嫌が悪いから、静かにしていなさい」

「お父さん（お母さん）の言うとおりにしておきなさい」

被害者の親は、モラハラのターゲットになることから子どもを守っていると考えています。

もちろん、「お父さん（お母さん）は、疲れ﹅て﹅い﹅る﹅の﹅だ﹅か﹅ら﹅静かにしていましょうね」という風に、どこの家庭でも、大人の都合に合わせることを子どもに求める瞬間はあります。また、そうしたことで子どもは社会性を身につけていきます。しかし、モラハラ環境の家庭では、モラハラパーソナリティの機嫌に合わせることを、子どもに四六時中求めることになるのです。被害者側の親が、モラハラパーソナリティの態度を見て先回りして子どもを黙らせたり、行動を制限したりすること、モラハラパーソナリティのいうことを聞くように要求することは、子どもからすれば、モラハラパーソナリティの行動を被害者側の親が容認しているように映ります。そしてそれは、被害者側の親を通してモラハラが子どもに為《な》されていることになります。それどころか、被害者側の親が「子どもに制限を課し、子どもをコントロールしようとしている親」、そして子どもに何も言う必要のない（そうしているのは被害者側の親の態度なのですが）モラハラパーソナリティ側の親が「黙って自分たちを見守ってくれる親」と映ることさえあります。

被害者側の親がモラハラを怖れるあまりに、モラハラパーソナリティの意図するままに動いてしまう。そうなると、結果的にその家庭には子どもの味方は誰ひとりいない、つまりは、モラハラパーソナリティの親しか存在しないことになるのです。

拒食症の彼女の家庭もまさにそんな状態だったのでしょう。

モラハラ環境で育った子どものなかには、なかなか人を信頼することができなかったり、どこかいびつな信頼の表現をする子どもがいます。そもそも、両親の関係に、家族としての自然な信頼の姿を見て育ってこなかったので、信頼の表現がどのようなものかわからなくなるのは仕方がないことと言えるでしょう。

子ども独自の世界のなかで、自分の家族以外のモデルに触れるまで、子どもはまず、自分の家庭で家族の関係を認識します。自分の家族がおかしいとは思わず、自分の家族のあり方こそが家族の信頼関係のあり方と思い育っていきます。また、自分の家族以外のモデルに触れても、自分の家族がおかしいと受け容れることは、子どもには困難を要します。

口出しするだけで責任を負わないモラハラパーソナリティ側の親。そして、何を言われても黙って耐えている被害者側の親。そうしたモラハラ関係にある両親の元で育った子どもは、それが夫婦としての信頼関係なのだと学習しても無理はありません。「被害者側の親は、加害者側の親を信頼しているから従っているのだ」「自分を信頼してくれているなら、なんでも自分の言うことを聞いてくれるはず」また、「自分が相手に信頼を表現するためにはどんなことも受け止めなければいけない」そのように考え、友人、恋人、職場の同僚や上司といった人間関係に、そうした傾向で向き合ってしまいます。そして、いつまでたっても、自分がイメージしたような信頼が得られないとき、普通なら、必要以上に腹を立てたり傷ついたりということはありませんが、モラハラ環境の影響を受けた子どもたちのなかには、「自分がここまでしたのに信頼してくれない」と、一章で述べた「敵か味方か」の思考に走る人もいます。これまでの態度を一変させて、攻撃しはじめたり、自分は誰ともうまくつきあえないだめな人間だ、と必要以上に落ち込む人もいます。まさにモラハラの被害者心理を踏襲するかのようです。それこそ、モラハラ環境に育った子どもは、直接モラハラ攻撃に晒されていなくても、モラハラをされているのと同じであるといえるかもしれません。

モラハラの加害者・被害者の関係にある両親のもとで育つ子どもは、モラハラパーソナリティから攻撃を受けるというより、その環境から攻撃（影響）を受けるといえるのです。そんな子どものいびつさを、子ども自身の問題にしてしまってはいないでしょうか。それこそ短絡的といえるでしょう。

被害者側の親にとっては、ショックなことではありますが、加害者側の親だけでなく被害者心理を抱えこんだ状態の親が子どもに与える影響も見逃せないものなのです。

モラハラ加害者と子どもの関係

モラハラ環境において、やはり子どもに多大な影響を与えるのは、その環境を作り上げたモラハラパーソナリティ自身です。もちろん、本人にはそんな自覚はありません。

たいていのモラハラパーソナリティは、「子どもを大事に思っている」「可愛い」と言います。

「自分ほど、子どものことを思っている親はいない」とさえ言います。しかしそれは、序章の「親子間のモラハラ」(17頁参照) でも述べたとおり、それは子どもに対する親の態度ではありません。自分の思い通り、期待通りの行動を子どもがするかどうかが、モラハラパーソナリティにとっては最優先になります。無責任で、気が向いたとき、自分が可愛がりたいと思ったときにだけ近づいていくといった接し方は、ペットの犬を可愛がる様子に似ています。犬が言うことを聞き、しっぽを振ったりなついたりしている時は可愛がりますが、うなったり粗相をしたりすると叱りとばしたり叩いたりします。気が向かない時は面倒を見ません。それと同じように、自分のイメージ通りの態度を示す子どもには、良い親はこんな風に子どもに接するだろうというイメージを見よう見真似のごとくに示すことができますが、子どもが自分のイメージ通り、期待通りでない態度を示すと、烈火のごとく怒り、威圧的な態度を示したり、子どもが最も傷つく落胆の態度を見せつけたりします。

本当の意味で子どもに必要な大人としての行動はできません。子どもは自分のために存在しているかのように接します。モラハラパーソナリティにとっては、子どもは自分のイメージや期待を満たすための存在です。そのときの気分で、接し方も随分変わってきます。そのルールもモラハラパーソナリティのそのときの気分によって変わるので、以前許せたことが今日は許せなかったり、子どものちょっとした反抗的な態度に対して、必要以上の罰や不快感をあらわにしたりします。

そして、モラハラパーソナリティは、他人から見て良い父（母）親に見える行動――休みの日には公園にいそいそと連れて行ったり、子どもの欲しがるおもちゃを買い与えたり――をするので、第三者からは、「子どもには優しい良い父（母）親」と映ることが多いのです。

被害者側の親も、こうしたモラハラパーソナリティの子どもへの態度を見て、「子どもはかわいがる」「子どものことは好きなようだ」と信じようとします。

しかし、モラハラパーソナリティ側の親は、被害者側の親が一緒に考えてほしいと思うような子育ての問題は、自分には関係ないとばかりに無視し、被害者側の親に「あなたにまかせている」「仕事で忙しいのに、そんなことはそっちでなんとかしろ」と押しつけます。

被害者・被害経験者の方からよく聞く話は、旅行での話です。自分が楽しいと感じる観光地ばかりを選択し、「つまらない」「おもしろくない」と子どもが不満を漏らそうものなら、「連れてきてやっているのに」と一気に不機嫌になり、突然「帰る」とさえ言い出します。また、子どもが楽しんでいても、自分が楽しくないと感じたり、疲れてきたりすると、不機嫌になります。連れてきてもらったことに感謝しなかったり、いえ、自分がイメージしているような態度で感謝を表現しないと非常に不機嫌になります。モラハラパーソナリティの家族は、たいてい、モラハラパーソナリティが同行する旅行は「苦痛だった」と多くの被害を話すのです。

また、モラハラパーソナリティの、子どもへの教育やしつけと称する態度も、子どものためではなく、子どもの意思を無視して、自分が果たせなかった夢を押しつけたり自分のイメージする行動や態度など、自分の思い通りに子どもの行動をコントロールしようとする場合が大半です。

自分のイメージ通りでなければ、叱り飛ばすだけでなく落胆して見せたり、子どもさえも無視したり突き放したりするので、子どもは必要以上に自分が悪いと感じるようになります。認めて貰おう、愛されようと、子どもは自分の意思を押し殺し、モラハラパーソナリティの親の意図を必死でくみ取るようになっていきます。

子どもは自分の感情を表現しても、モラハラパーソナリティの親の気分次第で受け入れられたり、叱り飛ばされたりするので、常にモラハラパーソナリティの親の顔色を窺うようになっていきます。

子どもの頃から、自分の思いを押さえ込むことや親の顔色を窺いながら生活することを当たり前として育つ子ども、子どもらしさを許されずに育つ子どもの気持ちを想像してみてください。

モラハラ被害者と子どもの関係

直接、子どもにモラハラ攻撃が降りかかることによって、その影響を心配して別居や離婚を決意する被害者は少なくありません。しかし、直接攻撃が降りかからなくとも、モラハラの関係にある両親を見て育つ子どもは、何らかの影響を受けているものです。

両親の様子を見ている子どもへの影響を心配して、「モラハラを受けた時、モラハラパーソナリティにくってかかれ、反撃せよ」とは言いません。そんなことをすれば、それこそ「倍返し」を受けることになり、エネルギーの無駄遣いに終わります。各々の事情や思いによって、別居や離婚を選ばない場合は、モラハラ環境が子どもに与える影響をしっかりと認識し、子どもに対し、フォローし続けていく覚悟が必要でしょう。被害者側の親自身が子どもに与える影響も、子どもにとっては大きいことを知っておかなければなりません。「知っている」それがとても大切なのです。

被害者側の親は、モラハラパーソナリティを中心に生活を送る癖がついています。

「お父さん（お母さん）が怒るから、大人しくしていなさい。言うことを聞いていなさい」と、子どもに言う被害者側の親は少なくないはずです。自分にとっては許容範囲でも、モラハラパーソナリティの親は絶対に不機嫌になるに違いないと、子どもを必死に大人しくさせようとしたり、モラハラパーソナリティの態度を予測し、子どもにモラハラパーソナリティ側の親が不機嫌にならないようにと、それこそ、先回りして子どもに注意したりするのです。

また、子どもが大きくなり自我を持つようになると、先述したように、モラハラパーソナリティは子どもに自分のイメージを押しつけ、コントロールしようとして抑えつけることもし始めます。モラハラパーソナリティと子どもが、直接衝突を起こすことも起こってきます。そうなると、被害者側の親は、モラハラパーソナリティ側の親の方が怖く、我が子の方がまだ自分の言うことを聞いてくれるはずだと思っているので、子どもにモラハラパーソナリティ側の親の言うことを聞くように促します。そして、言うことを聞かない場合は、子どもの方が間違っているかのような、誤ったメッセージを子どもに与えてさえしまいます。

これらは、モラハラパーソナリティが子どもに直接モラハラをすることを避けようという思いが働いてのことだと言うことはわかります。しかし、モラハラパーソナリティの機嫌を中心に生活を送る癖を子どもにも押しつけることにつながります。それは、被害者側の親の本来の子育て観や価値観ではないはずです。

モラハラパーソナリティにコントロールされ、自分らしく子どもに接することができなくなっている被害者側の親の態度は、子どもにとっては安心して甘えて身をゆだねることができない存在として映ります。

カウンセリングの現場で、親、特に母親とうまくいっていないという話をクライアントから聞くとき、クライアントが「毒親」として語るその母親が、モラハラの被害者あるいはかつてのモラハラの被害者で、いまなお被害者心理がケアできていない人であることに気づくことがあります。子どもにモラハラパーソナリティの機嫌を損ねないように強いることは、子どもにとっては被害者側の親が自分をコントロールしようとしているように映るのです。それは、モラハラパーソナリティが、被害者側の親を通して子どもをコントロールするということ。すなわち、被害者側の親が子どもにモラハラをしていることと同じなのです。

また、先の章で述べた「被害者の加害者化」のひとつといえますが、被害者である親が、身近な存在である子どもに自分の心の問題を投げ込んでしまうという連鎖が起きているケースが多くあります。

そのような場合、被害者側の親も、子どもにとっては立派な加害者です。

たとえ両親がそろっていても、被害者側の親が自分らしい子育て、自分らしい価値観を子どもに一切伝えられない場合は、モラハラパーソナリティの価値観だけで育つ上に、それが絶対であると捉えやすくなり、モラハラパーソナリティの影響を強く受けて育つ可能性が高まります。

静かなモラルハラスメントを行うモラハラパーソナリティは、子どもの前ではモラハラを見せない（感じさせない）ことがあります。実際に子どもに言うことを聞かせる立場に立つのは、被害者側の親であることが多く、被害者側の親を通して、モラハラパーソナリティは子どもをコントロールします。

被害者側の親に「子育てのことはまかせている」と言いながらも、被害者側の親の価値観による子育てはことごとく否定し、モラハラパーソナリティが思い描く子育てをするように、被害者側の親を操作します。「あなたの育て方が悪いのではないか」「ちゃんと言って聞かせているのか」と静かに責め、モラハラパーソナリティのイメージする子育て（自分のイメージ通りの態度を求めたり、進路を強要したりする）を被害者側の親にさせ、言葉を被害者側の親のものであるかのように子どもに伝えさせ、自分のイメージを被害者側の親を通して子どもに押しつけます。

そうしたことから子どもの目には、モラハラパーソナリティの親は物静かな親、子どもに口出ししない親と映ることも多く、逆に被害者側の親は自分をコントロールしようとする、自分を支配しようとする親として映るのです。

もちろん、被害者が怖れているように、モラハラパーソナリティが子どもに直接モラハラをするケースもたくさんあります。特に子どもたちが自我を持ち始めた頃、口うるさく、威圧的になります。

そんなとき、「とりあえず大人しくしていなさい」「モラハラパーソナリティの親の言うことを聞いていなさい」と被害者側の親は子どもを守る手段として、子どもに大人のような態度を求めてしまいます。それは発達段階に応じて子どもを躾《しつけ》ているのとは異なります。子どもの心が自然に育つのを沮《はば》んでしまうのです。

モラハラパーソナリティが自分のことを酷く言っているのを聞いて、子どもが自分のことを馬鹿にするようになり、自分の言うことを聞かなくなったと歎く被害者の方もいますが、それは実は、子どもにとって、被害者側の親こそがモラハラをしている親に映ってしまっていることも一因なのです。

モラハラパーソナリティの影響を気にしながらも、それを容認しているのは、被害者側の親自身ではないでしょうか。モラハラパーソナリティを刺激しないことを重視し、モラハラパーソナリティ側の親のいうことを全面的に受け容れることになり、それを子どもに無意識であっても強いてしまうことによって、被害者側の親が、「子どもらしさ」を封印しているケースが多くあります。

もちろん、モラハラパーソナリティ相手に「あなたは間違っている」と伝えても、無駄に刺激するだけで徒労に終わることは、モラハラを知ったあなたならわかっていると思います。

モラハラパーソナリティにわかってもらおう、変わってもらおうと思うのではなく、自分らしさを子どもに伝えて行くことが大切です。子どもの味方であることをしっかりと伝えることが大切です。そのためには、モラハラに取り込まれず、自分を見失わないことです。

モラハラパーソナリティを刺激しなくとも、子どもにあなたの価値観を伝えて行くことは可能なはずです。モラハラパーソナリティにわかってもらおうと働きかけるのではなく、「お母さん（お父さん）なら、こう思う」と、自分の考えや価値観を子どもに伝えて行くことが大切です。

子どもが両方の親の価値観、生き方、そのどちらに強く影響を受けるか、どちらを選んで身につけていくかは、先にならないとわからないことではありません。それは子ども自身が選んでいくものでもあります。だからこそ、子どもがモラハラパーソナリティだけの影響を受けない世界を維持することが大切です。子ども自身が選択ができるように、あなた自身の価値観も子どもに伝えて行く必要があります。

各々の事情でモラハラパーソナリティとの共生を選択する場合、被害者側の親は、「モラハラパーソナリティの道具になって間接的にもモラハラに荷担していないか」「あなた自身の価値観をしっかりと子どもに伝えているかどうか」を確認すること、そして自分が子どもにどのような態度をとっているかをきちんと見つめることが大切です。

実際には、被害者がモラハラ環境のなかで、自分らしさを維持することはかなり困難なことではあるでしょう。しかし、モラハラパーソナリティの影響を心配するならば、のちに後悔しないために、あなた自身もあなたらしさで、子どもに影響を与える親のひとりになるべきなのです。

子どものためではなく、自分のために

今までなかなかモラハラパーソナリティから離れる決断ができなかった被害者も、モラハラパーソナリティが子どもに直接モラハラ行動する可能性が高い、もしくは実際にモラハラが行われたとなると動き始めます。もちろん大切な子どものためだから、という理由が強いでしょうが、「子どものためだから動いていいのだ」と、やっと自分自身に許可を出せた側面があることも否めません。

被害者もしくは被害経験者は、自分の行動を、何か・誰かに許可してもらわないと決断できなくなっていて、許可してくれるものや理由を強く求めてしまう一面があるということを自覚しておく必要があります。

「子どものために選択する」のではなく、「子どもに影響を与える環境をなくしたい」と自分が望んで、選択する」のだということ、選択は自分の意思であるということをしっかりと自覚してください。

「あなたのためを思って」と言いながら「自分のための行動」をする、それはある意味モラハラパーソナリティの行動と構造が同じです。そうなると、行動の結果が、自分のイメージしていたとおりに行かなかった場合、子どものためにこの道を選択したのに、と悔やむ気持で心がいっぱいになってしまいます。それどころか子どもに腹立たしささえ抱いてしまいます。誰かのため、子どものため、それらはすなわち、そうしたいと望む自分のためです。イメージ通りに行かなくとも、そのときの自分はそうしたかったということ。それを知っていれば、次へ向けて、新たなイメージを構築して、選択しなおすことも可能なはずです。

反抗期の子どもとの接し方

被害者が心配することのひとつに、子どもがモラハラパーソナリティの親の影響を受けて、モラハラをする大人になるのではないかというものがあります。「モラハラは遺伝しませんか？」と尋ねてくる被害者や被害経験者もいます。

モラハラパーソナリティから既に離れていても、子どもが自我を持ち始める時期、反抗期の時期は、モラハラパーソナリティの行動に似てきます。すると、「我が子がモラハラパーソナリティに似てきた。遺伝したのではないか。子どももモラハラパーソナリティになるのではないか」

と多くの被害者・被害経験者が不安を口にします。

子どもは自分はなんでもできる、周りは自分のためになんでもしてくれるといった感覚（全能感）を持つ時期があり、それは子どもの通る道でもあります。思い通りにしてもらおうと泣き叫んだり、物に当たったり……。思い通りにならないことに対する葛藤処理としての態度が反抗で、そうした葛藤にもがく時期が反抗期です。何でも親のせいにしてみたり、気に入らないことがあると無視を決め込んだり。しかしいずれは「自分はなんでもできる存在ではないし、周りの人間もすべて自分の思い通りには行かなくて当然なのだ」と全能感を手放しながら、現実の自分を受け容れ、社会性を身につけながら成長していきます。

被害者・被害経験者には、思春期の態度は、特にモラハラパーソナリティに似ているように見えてしまいます。小さな子どもの頃と異なり、小学校高学年、中学生ともなれば、体格も大きく、幼かった頃より語彙《ごい》も豊富になっています。泣きわめいて地団駄《じだんだ》を踏んでいた小さな頃とは違い、何を言ったら親が黙ったり、自分の言うことを聞いてくれたりするのかと、言葉を選んで言うようになりますので、被害者側の親にとってはなおさらモラハラパーソナリティと重なってくるようです。

子どもは何を言っても許されるであろう親に、葛藤を投げ込んできます。「勉強やれとうるさいから、余計やる気がなくなる」などと、なんでも親のせいにしたりします。矛盾したことを平気で言います。自分を守るために嘘をついてしまうこともあります。確かに、モラハラパーソナリティに似ています。見聞きしてきたモラハラパーソナリティの言葉を使うこともあるでしょう。被害者側の親は、そのことによって、ますます子どもの言動に強く反応してしまうのです。

しかし、子ども達がモラハラパーソナリティに似ているのではなく、モラハラパーソナリティがこうした子ども時代の葛藤処理方法を大人になっても使っているのです。子ども達とモラハラパーソナリティが違うことは、子どもは成長するために格闘している時期であるのに対して、モラハラパーソナリティは、自分は大人だと思っているけれど、葛藤処理に、わざわざたくさんあるなかから子どものころの方法を選んでいるということです。

スクールカウンセリングの職場で、私はちょうど思春期に当たる若者たちの話をたくさん聞いてきました。親を傷つけるようなことを言ってしまったと落ち込んでいる子ども、たとえば離婚した親に対して「勝手に離婚したくせに。こっちはいい迷惑だ」と言ってしまったと落ち込んでいる子どもにも会いました。モラハラパーソナリティではない彼らは、自分が親を落ち込ませた、傷つけたと気づき、後悔したり、反省したりしながら成長していくのです。しかし、「甘え」からか、親に対して反抗することがなかなかやめられないと話しもします。そんな風に悩んでいる、幼さから脱しようとしている子に私は話します。「大人になっていっているんだよ。悩んでいるその気持ちを大切にしてほしい。そして、気づけているなら、今は無理でもいつかその気持ちを親に伝えればいい」と。

そんな葛藤の時期にある子ども達に、「親子であってもひどい言葉を浴びせられると傷つくのだ」ということを、親からのメッセージとして穏やかに伝えてあげてください。反抗期まっただなかの子どもたちは、かつてモラハラパーソナリティがあなたにしたように、聞こえていないような態度を返してくるかもしれませんが、彼らは大人になりたい、成長したいと欲しています。あなたが彼らの足元に転がした言葉のボールを拾う時が必ず来ます。

どんな思いや言葉を転がしてもモラハラパーソナリティに蹴散らされてきた被害者は、その場ですぐさま子どもが拾い、理解を示してくることを望みがちです。そして、それが得られなければ「子どももやっぱりモラハラパーソナリティなのだ。ちっともわかっていない」と怒りを脹《ふく》らませてしまいますが、子どもは、あなたの言葉を全く聞く必要がないと思っているモラハラパーソナリティとは違います。

被害者・被害経験者が反抗期の子どもたちに対し、冷静になれずに過剰に反応し、叱り飛ばしてしまう時、モラハラパーソナリティに向けられない思いを向けていないか、振り返ってみてください。おそらく、あなたは子どもの言葉に過剰に反応してしまっていることにどこかで気づいているはずです。モラハラパーソナリティと子どもは違うのだ、と自分の心に語りかけてください。

また、子どもの態度に必要以上におびえ、子どもの言いなりになってはいけません。かつてのモラハラパーソナリティへの恐怖感からある程度の年齢になっている子どもの言いなりになって、その全能感を満たしてしまうと、子どもにとって、モラハラ的行動が成功したことになってしまいます。それこそ、モラハラを学習させてしまいます。

子どもの態度に過剰に怒ったり、おびえたりといった反射的な行動をしないように心掛けてください。反射的な行動は被害者心理から来ていることがほとんどです。モラハラパーソナリティと子どもとを切り離して見つめ、親として伝えるべきことを冷静に伝えてください。

それは困難を要することかもしれません。必要以上に傷ついたり落ち込んだり、腹が立ったと感じたら、すぐに子どもに対峙せずに、少し冷却期間をおくようにするといいでしょう。「被害者心理がうずいているのだなあ、子どもはモラハラパーソナリティとは違うんだよ。もうそんなに傷つく必要はないよ」と自分に語りかけ、深呼吸してみてください。子どもを見ているつもりでも、実は、モラハラパーソナリティの影を見つめてしまっていることに気づいていてください。

子は鎹《かすがい》

モラハラ関係にある夫婦が同居しているケースでは、モラハラパーソナリティも被害者も、子どもに向かってどちらにつくかを迫ってしまうことがあります。モラハラパーソナリティは、ターゲットの悪口や侮辱するようなことを子どもに直接、あるいは聞こえるように言い、「お母さん（お父さん）はどうしようもないねえ」と、同意を求める形で子どもに迫ります。被害者は、自分もモラハラをしているように感じるためか、相手のことを悪く言うことはあまりしないとしても、自分の味方になってくれるよう、態度で子どもに迫ってしまいます。

モラハラパーソナリティとの生活は、「誰か（モラハラパーソナリティ）といっしょにいながらも孤独」な生活といえます。そんななかで、子どもに自分の絶対的な味方になることを意識的・無意識的に関わらず、強く求めてしまうのです。

モラハラパーソナリティは、子どもが自分につかなければ不機嫌を表明したり、叱りつけたりするので、子どもはその場しのぎでも同意せざるを得なくなることが大半です。繰り返し、被害者側の親の悪口を聞かされ続けるなか、子どもも、被害者側の親を馬鹿にした態度を取ったりするようになります。そういった子どもの態度の多くは、本当に馬鹿にしているのではなく、その場を穏便にすませるために自然とそうした態度が身についたものです。しかしやはり、そんなことを続けていると、安易に人を馬鹿にする態度が身についてしまうかも知れません。

被害者側の親はそれを見て、子どもに絶望の態度を見せます。その絶望の態度には、「あなたは私の敵になるのね」といったメッセージが込められています。どちらの親も、子どもを味方につけようと躍起になっていますが、それは、その家庭には、子どもにもっとも必要な「支え、守ってくれる存在」がいないということになります。

どちらの親からも愛されたい子どもは、そうした両親の間で揺れ動きます。子どもにはどちらの親も愛すべき存在であり、愛してほしい人たちです。必死で間を取り繕うことさえします。「子は鎹《かすがい》」という言葉がありますが、もっとも弱い存在をモラハラ関係の鎹にすることほど酷なことはありません。そして、いずれ弱い鎹は折れてしまうのです。

被害親、加害親の両方から攻撃を受ける子ども

子どもは両親の間を取り繕おうと、明るく振る舞って見せたり、どちらの親の言うことも聞いてみたりと、風見鶏のようにゆらゆら揺れています。モラハラパーソナリティは、もともと子どもやパートナーといった自分以外の人のことを配慮しない、ゆとりのない人ではありますが、被害者である親もモラハラパーソナリティのことで心と頭がいっぱいで、親としてのゆとりを失っています。被害者は「敵か味方か」に拘《こだわ》ってしまうと前述しましたが、我が子に対してもその

こだわりを抱いてしまうほどに、モラハラ被害の渦中にいるとゆとりを失います。

当然、子どもより親の方が立場的に強く、「子どもを躾《しつ》けている、教えている」という肯定材料も持っているので自分の態度に気づくことなく、モラハラ的行動ともいえるような状態に陥ってしまうことさえあります。被害者は、モラハラ攻撃を自分が受ける形で学習しているので、心のゆとりのなさから、モラハラパーソナリティから受けてきたような言葉を子どもに投げかけてしまうことさえあります。そこには、子どもという絶対的な味方を得ようとする心理、そして、知らず知らずのうちに、子どもを使って気持ちのバランスを取ろうとしてしまう面もあるのです。このような行動は、モラハラパーソナリティとまで言わないとしても、モラハラ行動をしてしまっていると言うことができます。

子どもを虐待する母親も、実は暴力の被害者であったというケースも多く存在します。受けていていやだと感じているものを拒否することができなくなっている被害者に、連鎖という状況が生まれやすくなっていると考えられます。

まず、そうした親は、自分が連鎖的に、子どもや他者にモラハラパーソナリティと同じことをしてしまっているということに気づかねばなりません。そしてそれがパーソナリティ化しないように、もし習慣化しかけているなら、モラハラ的行動をやめていく努力をする必要があります。モラハラパーソナリティではないのだから、やめることができると自分を信じることが大切です。

暴力被害を受けた親から暴力を受けた子どももまた、自分の人間関係のなかで暴力を振るってしまいます。特にモラルハラスメントは、目に見える傷がなく、「教えてやっている」「相手のためだ」「相手が悪い」と肯定材料を用意することが容易で、ストレスをはき出す手段として幼いころから両親から学習しているので当たり前のように用いやすく、その罪悪感は大人以上にないでしょう。

親は、子にまで繋がってしまう連鎖を断ち切らねばなりません。そのためには、まず、怒りすぎたこと、自分（親）の心が弱かったことを子どもに伝えるといいでしょう。

そしてあなたが、モラハラ環境で生きてきた、また生きることを余儀なくされた子どもであったならば、今モラハラという言葉との出会いによって、「自分の両親はモラハラ関係にあったのだ。子どもだった自分にはどうすることもできなかった」と気づいたはずです。その気づきはあなたにとって辛いことでしょうが、これからは自分の世界を新たに構築していくことができると信じて下さい。両親のものではない、あなたの望むものをこれから作り上げることができるということを。

親の人生を生きる子ども

子どもは、どんな親でも愛していますし、愛されたいと願っています。そのため、愛されようと一生懸命になります。

小さな子どもは、自分に注目して貰おうと、わざと騒いだり、駄々をこねたり、わがままを言ってみたりしますが、それはモラハラ環境に生きる両親には通用しないと気づいていきます。

繰り返しますが、モラハラパーソナリティは、我が子であっても、自分の心を満たすための道具にします。自分の心の状態で子どもに接しますし、なによりも自分のイメージ通りに子どもが動かないと許しません。子どもは自分に注目してもらおうと騒いだり駄々をこねたりしても、無視されるか、こっぴどく叱られるのみです。また被害者は、毎日をモラハラパーソナリティの言動に支配され、モラハラパーソナリティのことばかりに意識が行き、自覚のあるなしにかかわらず、子どものことは二の次にしてしまいます。被害者も、子どもが自分のイメージ通りの態度（この場合、手がかからないよい子でいて欲しいという思い）を子どもに求めます。騒いだり駄々をこねたりすると、非常にかなしげな表情をしてみせたり、感情をコントロールできず、子どもを必要以上に叱り飛ばしてしまったりします。

子どもは次第に、そんな両親のなかで、両親の要求を必死でくみ取り、両親のイメージ通りの行動を取るようになります。しかし、どれだけ子どもが頑張っても、両親にとってはイメージ通りの姿に過ぎないので、褒められることはありません。モラハラパーソナリティはイメージと少しでも違っていたら、その部分を責めさえします。被害者の親は、子どもの態度にホッとするだけで子どもの思いにまで気が回りません。

そんな子どもにストレスが溜まらないはずはありません。家庭の外では問題児であったり、あるいは常によい子でいるために、子どもらしさを失っていたりするのです。

子どもが問題児であることが発覚すれば、モラハラパーソナリティ側の親は、被害者側の親を責めます。自分のイメージと違う子どもは、当然ことごとく無視したり、我が子ではないという態度さえ示します。

被害者側の親は、モラハラパーソナリティにも責められ、子どもの問題行動にも悩まされと、精神的にますます追い詰められ、子どもの行動の本質を見つめるどころか、「子どもまで自分を苦しめる」と、子どもを疎ましく思い、拒絶すらしてしまいます。

しかし、そんな被害者側の親を責めることは、私にはできません。モラハラパーソナリティと共に暮らし、攻撃を受けながら心のゆとりを持ち続けること、被害者をやめていくこと、被害者心理から解き放たれていくことは容易なことではないからです。だからこそ、被害者心理の影響を受けて生活している自分の今の心の状況に気づいてほしいのです。すべてモラハラパーソナリティを中心にした、モラハラパーソナリティの影響を受けたとらえ方をしていることに気づいてください。

目の真ん前にものを置いて、そればかり凝視していると、他のものは何も入ってきません。それと同じで、近視眼的にモラハラパーソナリティばかりを見つめていると、他のことが見えなくなってしまいます。子どものこと、自分自身のことさえ見えなくなるのです。

被害者をやめていくということは、モラハラパーソナリティから離れるいうことですが、被害者にとっては簡単なことではありません。共生せざるを得ない状況、心理状態はすぐさま取り除かれるわけではありません。

それでも、まず離れるということが大切です。共生しながら離れるということは、物理的には一緒にいても、精神的にはしっかりと離れるということ。モラハラパーソナリティに意識を集中しないで、自分の価値観や生き方を思い出し大切にしていくということです。モラハラパーソナリティは、被害者がどんな言動を取ろうとも、どれだけ気を遣おうとも、自分の意志でモラハラをします。怒らせないように、機嫌を損ねないようにと、どれだけ先回りをして安全対策を取ったつもりでも、その対策が功を奏するということはありません。たまたまモラハラをすることがやんだとしても、被害者の安全対策の結果というわけではないのです。被害者は、自分の気遣い対策によって、モラハラパーソナリティのモラハラがおさまったと信じていますが、何をしてもモラハラをするときにはする、しないときにはしないのです。モラハラ行動はあなたの言動が起こさせているのでも防いでいるのでもありません。ですから、モラハラパーソナリティへのモラハラをさせないようにするための気遣いは無駄なのです。自分らしさを見失わず、自分らしい行動をし続ける。モラハラばかりに気を取られずに、本来の自分の姿で子どもに接する。それがモラハラ環境でとるべき行動です。

モラハラ環境にある子どもは、無条件に愛され、すべてを受け止めて貰うという経験をしません。子ども達は、愛されようとして、親たちの求める条件を満たそうと、子どもらしい人生を棄てざるを得なくなります。モラハラ環境では、モラハラパーソナリティだけでなく、モラハラに囚われている被害者の親までもが、子どもに「自分の味方になって。患わせないようにいい子でいて。あなたは私を苦しめないで」といった条件つきの愛情を子どもに示してしまうことに気づいてください。

親の望む態度をし、親の望む進路を目指し、それでも親が怒るのは自分の努力が足りないからだ、自分が悪いからだ、と必死で親の人生を生きる子ども達。生きていくための手段とはいえ、そうしたモラハラ環境で生き続けている子どもが、辛くないはずがありません。

離婚時の争いに巻き込まれる子ども

モラハラパーソナリティは、被害者側の親を通して子どもを支配したり、子どもを通して被害者側の親を貶《おとし》めたりと、家族・我が子であっても、モラハラを成すために平気で利用します。子どものことを考えるよりも、モラハラをすること、被害者を貶めることに夢中なのです。モラハラパーソナリティは、当然ながら、モラハラ関係にあった自らの夫婦関係を解消するとき、そして解消した後も、被害者を貶め攻撃するために子どもを使います。

モラハラパーソナリティは、自分たちの離婚時の争いが子どもにどのような影響を与えるかなどと考えることはありません。相手（被害者）に勝つこと、相手を貶めることに夢中で、親の立場としての思考はありません。

例え離婚することになったとしても、自分に優位な、自分のイメージ通りであり、自分が主導して進んだと思えるような離婚の形を望むため、子どものことなど考えず、被害者からの要求はことごとく無視し否定します。

養育費は、子どもが健やかに育っていくために親として子どもに支払うもの、そして子どものために受けとるものです。しかし、自分から離れていく被害者（側の親）に養育費をとられると思うのか、それとも被害者を懲らしめようと思うのか、モラハラパーソナリティは経済的な支払い能力があっても払わなかったり、絶句するような金額を提示してきたりします。離婚の話し合いでも何らかの「勝利」を得ることにモラハラパーソナリティは躍起になります。

親権を強く主張する場合も、子どもと離れたくないというよりも、親権を自分が得る「勝利」を得ようとする気持が強く、いかに被害者側の親が愚かで親権を得るに相応《ふさわ》しくないかを主張しようとします。あげく、調停や裁判の際、子どもに被害者側の親を責める手紙を書かせたり、証言を強いたりする人もいます。そのことが子どもにどのような影響を与えるかを考えません。

モラハラパーソナリティは、離婚の際の我が子に関する取り決めさえも、子どものことを考えるよりも、自分の勝ち負けに拘るのです。

しかし、どうなることが勝利なのか、実は当の本人もわかっていません。何を拒否しても、どんな無茶な要求が受け入れられたとしても、モラハラパーソナリティの勝利欲求は満たされません。モラハラ攻撃をどれだけ繰り返そうと、離婚の話し合いでどれだけ勝利感を得るための行動をしようと、満足することはありません。

相手から納得のいく呈示が成されていても、自分の呈示を相手が受け容れても、モラハラパーソナリティは不満をおぼえます。一旦話し合いが終了したように見えても、モラハラパーソナリティは決定した内容に対して再び不服を申し立てたりします。そうなると、いつまでたっても話し合いが進むことはありません。被害者側はどうすればいいのかわからなくなり、翻弄されます。

モラハラパーソナリティは、離婚の話し合いの時、子どものためよりも、勝利することに夢中になっていることを忘れないでください。そして、その勝利感は、決して満たされることがないものであることを。

そうした相手とは感情を排して、淡々と法的に離婚の話し合いを進めることが大切で、そのための方法として、多くの被害者は専門家の手を借りるわけです。


離婚の際の取り決めは、モラハラ関係のあるなしに関係なく、感情論に終始すると、なかなか進みません。モラハラ関係にある夫婦の場合、特に感情が先行してしまいます。

被害者も、このときとばかりに感情が爆発し、どれだけ自分が辛い思いをしてきたかわからせたい、相手に反省して貰いたい、と必死になってしまうことがよくあります。モラハラパーソナリティが被害者の思いを理解したり、反省したりするならば、元々このような事態にはなっていません。しかし、自分の気持ちをわかって貰えるはずがない、反省するはずがないと知っていても、やはり、心のどこかで期待してしまうのが人というものでしょう。そして、被害者のそうした思いからくる言葉などに、モラハラパーソナリティはますます反応し、話し合いの場がまるで戦場であるかのように、攻撃の度合を強めてきます。

被害者は疲労困憊《こんぱい》してしまいますし、最悪のケースでは、調停から裁判まで、養育費や親権の問題を含めた決着までに数年かかることもあります。こうした両親の感情的な争いに巻き込まれるのは、やはり子どもです。

子どもの前で、「おまえと会えなくなるなんて辛い」と泣き叫ぶモラハラパーソナリティもいます。子どもはそんな親を目の前にどんな態度を取ればいいというのでしょう。子どもの心は傷つきます。本当の親なら、哀しくても子どもへの影響を考えるでしょう。

被害者側の親は、「モラハラパーソナリティであっても、親なのだからどこかで子どものことは考えてくれるであろう、大人としての態度で接してくれるだろう」と思っているところがあります。そして、そう考える故に、モラハラパーソナリティの自分勝手な言動に心が揺さぶられ、そして、傷ついてしまうのです。


両親が互いに、自分の感情の落とし所を求めて争うことに夢中になってしまうと、子どもはその間に挟まれて翻弄されてしまいます。両方の親から味方になることを求められたり、感情を流し込まれたりして、困惑し、傷つきます。その困惑のなかで子どもは、子どもらしさを更に封じ込められていくのです。そして子どもは、親の離婚に対し、「自分のせいだ、両親の望む子どもになれなかった自分がいけないのだ」と、罪悪感さえもってしまいます。

離婚という行為そのものが子どもを傷つけるのではありません。大人として離婚に向き合わず、子どもを巻き込む親の態度が子どもを傷つけるのです。親の感情的な葛藤に子どもを巻き込むことは、子どもへの虐待とも言えるでしょう。

子どもたちの証言

カウンセリングの現場で、子ども達、また、子どもだった人達の話を聞いてきました。彼らのその生きにくさの背景に、モラハラ関係にあると思われる彼らの両親を幾度となく見てきました。また、子ども自身がモラハラのターゲットになっているケースもたくさんありました。自分の辛さの根本に気づいたその時から、子ども達は自分の人生に向き合っていくことができます。しかし、大人自身がその辛さを子ども達に与えていることに気づき、防げたならば、苦しむ子ども達はもっと減るのにと、いつも感じてきました。

モラハラパーソナリティは、自分の振るまいが子どもを傷つけていることに当然気づきませんし気づこうとしませんが、被害者側の親が、これまで述べてきたような被害者心理からとってしまう行動をやめていくことができれば、子どもは無駄に傷つかず、親子で平穏に暮らせる時間が増え、無駄に傷つくことも抑えられるはずです。

・今思えば母はモラハラの被害者だったのだろう

「私は母が嫌いでした」

母親に酷い態度で接せられてきたと話すクライアントたち。どんなことも自分で決めることは許されなかったし、ちょっとしたことでクドクドと叱られ……時には酷い言葉で罵られたと話します。

「今の自分の自信の無さや後ろ向きな性格は、すべてをそのせいにするつもりはないけれども、子どもの頃の母から受けたひどい態度が、少なからず影響していると思うのです」

カウンセリングによって幼かった頃の心の傷を振り返る過程で、モラルハラスメントという言葉に出会い、「自分は母からモラハラを受けていたのではないか」「実は母もモラハラの被害者だったのではないか」と感じたと言います。

「モラハラに興味を持ち、知れば知るほど、自分の育ってきた家庭環境がよく見えるようになってきたんです。モラハラパーソナリティではなくとも誰しもが、自分の心では抱えきれない問題を、他者に投げ込んでしまうことがあることも今は理解できます。当時、母も私に心の問題を流し込んでいたのだと思う」

「父の母に対する態度が、今ふりかえればモラハラそのものだった気がします。母は父からモラハラを受け続け、その心に溜まりこんだものを私に流し込んでいたと思う」

「モラルハラスメントとは、誰にもわかってもらいにくい密室の暴力。当時、モラハラという言葉もなかったし、父から受けていたものがモラルハラスメントだったと母本人も自覚していなかっただろうし、そしてその辛さは誰にもわかって貰えず、母は心を蝕んでいったのだろうと思います。母の抱えきれない思いが子どもである私に流れ込んできていたのだと、今はわかるのです」

これまで「被害者の加害者化」について述べてきました（144頁）が、傷ついた心を十分にケアできていない被害者たちは、知らぬうちに自分では解消できないほどの心の膿《うみ》をため込み、身近な存在に流し込むことをしがちです。その対象が子どもであれば、子どもにとっては被害者側の親も「加害」親です。連鎖的に子どもに心の膿を流し込んでしまうケースは非常に多いのです。

また、先述したように、被害者側の親の配慮心であったとしても、「モラハラパーソナリティの親から子どもが必要以上に怒られないように」とモラハラパーソナリティの機嫌・要求を第一に考えて行動することは、もうその人らしい子どもへの接し方とは言えません。モラハラパーソナリティのイメージを優先した子育てと言えます。

その上に自分自身の心の問題を流し込むことが加わると、被害者側の親は、モラハラパーソナリティ側の親以上に、子どもにとって脅威の存在となっていきます。

被害者は、抱えきれない心の膿を身近な存在に流し込むという手法を、かつて自分がされてきて嫌だと感じていたけれど、自分がされる形で無意識に学習しているため、実行しやすくなっています。心のしんどさから逃げるために行うモラハラ的行動は、それをしているということを認める心のしんどさからも当然逃げようとするので、「自分のしていることは〝攻撃〟ではない、しつけているのだ、この子（人）のためなのだ」と不思議と肯定してしまいやすいのです。

そして、子どもはそうした親の感情をそのまま素直に受けとめ、「自分が悪いからだ、自分さえちゃんとしていれば親はこんなに怒らないはずだ」とモラハラパーソナリティ側の親や被害者側の親の理不尽な攻撃を受け止めて育つことになるのです。

モラハラパーソナリティ側の親が他者を愛せない、他者のことを考えられない人であるとするなら、被害者側の親も他者を愛する余裕がなくなっている、他者のことを考える余裕がなくなっているという意味で、子どもにとっては同じ存在と言えます。

「私の母は、父と離婚しましたが、その後も常にイライラしていて、私にモラハラをし続けていました。私にとっては、母がモラハラパーソナリティそのもののように感じました。でも、モラハラを知るにつけ、母はモラハラパーソナリティとは少し違うのではないか、とも思えたりしました。被害者心理というものを聞いて、納得できた気がします」

それでも、母が自分にしてきたことは、モラハラであり、自分は酷く傷ついてきた。母には、もっと自分の心の状況を見つめて、被害者心理と向き合って欲しかった、と話しました。

離婚してもなお、モラハラ攻撃の影響は被害者の心にのしかかります。

既に離れて暮らしているのに、なかなか頭のなかからモラハラパーソナリティの残像をぬぐえません。また、面接交流や何らかの必要でモラハラパーソナリティと接触するとき、再びモラハラ攻撃を受けることも多く、その度に、簡単に被害者心理に包み込まれてしまいます。モラハラパーソナリティとの再びの接触の際、「文句を言われないようにしよう、ひとりでもしっかり子育てをしていると認めさせたい」と考えてしまうこともあります。それは、離れてもなお自分らしい子育てができず、「モラハラパーソナリティ目線の子育て」を行ってしまっている状態と言えます。

また、モラハラパーソナリティと物理的に離れているのに、精神的になかなか離れることができないため、子どもに対してモラハラパーソナリティと暮らしていた時のような態度をとり続けてしまうことも少なくありません。

離婚して離れて暮らす親と子どもの関係はその親子自身のものです。離婚で、親子の縁は切れません。そして、今のあなたと子どもとの関係はあなたたちのものです。モラハラパーソナリティに自分と子どもとの関係をどう「評価されるか」などいっさい気にしないでください。相手に自分の子育てや生き方を認めさせようと思わなくていいのです。相手がどう思うか、どう感じるかが気になる時は、モラハラパーソナリティの視点で生きてきた癖が抜けていないのだと気づいてください。

モラハラパーソナリティは、たとえあなたがしっかりと子育てをしていても、それを評価しようとする人たちではないことを思い出してください。

モラハラパーソナリティは、離れてもなお、自分と子どもとの関係を補うようにと、それこそ「鎹《かすがい》」的役割をあなたに強いることもあるでしょう。通常の家族システムならば、父として母として互いが補い合います。しかし、あなたは被害者でなくなるために相手から離れてきたのです。もう、相手のことは考えなくていいのです。子どもに自分らしく接していくことだけを考えてください。

離婚ごときで親子の縁は切れませんが、あなたは、モラハラパーソナリティとは縁を切ったと思うくらいで丁度いいのです。モラハラパーソナリティ側の親と子どもの関係をあなたが引き受ける必要はありません。被害者をやめるということは、相手の世界から自分を切り離していくことなのです。

相手に対して、離婚しても親の立場ならばこうしてくれるだろう、こう考えてくれるだろうと思うこともやめましょう。そもそも、あなたとは違う、あなたを苦しめてきた相手が、あなたを自分の世界に引き戻すための方法として用いることはあるでしょうが、離婚して急にあなたと同じような考え方や行動をすることは、まずありません。

相手の言動に一喜一憂しないことも相手の世界から自分を切り離していく方法のひとつです。がっかりするような言動があれば、「ああ、やっぱり」と思ってください。そういう相手から離れる選択をした自分を褒めてください。珍しく喜ばしい言動があれば、それは親として当たり前のことをしたに過ぎません。相手の振る舞いに無駄に一喜一憂していないか自分を見つめてください。

「母は、子どものために離婚しなかったと言うのですが、自分に自信がなかったのだと思います。子どもを母子家庭にはしたくなかったから、経済的に不自由させたくなかったから我慢したと言うのですが、それを自分で選んだのなら、離婚しなかったことを後悔しているかのごとく、あるいは、自分自身を納得させるための言い訳のごとくに、子どもに話しはしないでしょう。あなたのために我慢したと言われても……」

子どものために離婚しないという選択をしたとしても、その時そうしたかったのは自分自身だということ、その選択を自分自身で選んだのだということを忘れないでください。自分がそれを選択したのだと背筋を伸ばしてください。自分の思いで選択したならば、その選択に後悔しそうな出来事が起こったとしても、自分はどうしたいのかしっかり見つめて、その時々の自分の気持に素直な新たな前進に向けて選択をすることができます。

誰かのためというのは、そもそも、そうしたいと考える自分自身のためです。それを認めていれば、自分が選択した人生をしっかり生きていけます。そして、自分の思いを誰かに押しつけることもなくなるはずです。

・子どもに会うためのルールを決める

「私は、親に棄てられたと思っていました。両親が離婚（もしくは別居）し、親は私を置いて出て行きました。もう一方の親や祖父母に聞いても『出て行った』と答えるだけで、何も教えてくれませんでした」

被害者側の親が、モラハラパーソナリティ側の親の元に子どもをおいて出ていくケースもあります。実家に療養のためと称してとりあえず帰る、あるいは別居の際、子どもの学校のことなどを考えてとりあえず自分だけ家を出たけれど、一度離れてしまった子どもの親権をとれずにそのまま離婚に至るケースなどです（もちろん、その後、裁判で親権を勝ち取った人もいます）。

「あなたひとりで子どもを育てられるのか」「経済的にやっていける筈がないだろう。親権は絶対に渡さないし、あなたが親権をとれるはずもない」と言われ、モラハラを受け続けた影響で、体力的、精神的に自信を無くしていたり、女性の場合、仕事をやめてしまって経済的な自信がなく、モラハラパーソナリティに言われるがまま子どもを置いてきたというケースもあります。被害者であれモラハラパーソナリティであれ、モラハラ離婚の場合、家を出た側の親が子どもとまったく接触させてもらえないことが多くあります。モラハラパーソナリティが家を出た被害者側の親を子どもに接触させないのはモラハラ攻撃の一環であり、自分から離れた被害者に対する罰であるかのようです。それに対し、被害者側の親が家を出たモラハラパーソナリティ側の親を子どもに会わせまいとするのは、モラハラパーソナリティの子どもへの影響が心配、また、子どもを通して引き続きモラハラ攻撃を受け続けるのではないか不安がある、といった理由からです。

離れて暮らすモラハラパーソナリティ側の親に子どもが会いたがるとき、被害者側の親は困惑したり落ち込んだりしてしまいます。逆に、子どもと一緒に暮らすモラハラパーソナリティ側の親は、子どもに「おまえを棄てて出て行ったんだ」「どうしようもない親だから、忘れなさい」と、被害者側の親の悪口を言うなどして、子どもに会いたがることをやめさせよう（コントロールしよう）とします。

いずれにせよ、そうした親を見て、「離れて暮らす親に会いたいと思ってはいけないのだ」「自分は悪い要求をしているのだ」と、子どもは自分を責め、心が傷ついていきます。そして、親が自分の元を離れた原因を理解できない子どもは、その理由を自分に見いだします。自分は親に棄てられたのだ。自分は棄てられて当然の子どもなのだ、と考えるようにさえなります。

離婚をしたとしても、子どもにとっては、どちらの親も親であることに変わりはありませんから、会いたがるのは当然のことです。離れている親に会いたがることで子どもを責めることは、子どものためにしないで欲しいと思います。

こう書いても、モラハラパーソナリティ側の親は会わせまいとし、被害者側の親のことをけなすでしょう。また、被害者側の親は、離れている親に会いたがる子どもの心情を察して心を揺さぶられるでしょう。心を揺さぶられる背景には、子どもにも一緒にモラハラパーソナリティの親を嫌って欲しい、拒否して欲しいという思いがひそんでいるのかもしれません。その思いが悪いとか良いとかを言っているのではありません。そんな思いを抱くこともまた自然であり、それほどモラハラパーソナリティに苦しめられてきたという自覚が持てたということでもあります。しかし、親自身が子どもの言動に被害者心理が反応していることに気づいているのといないのとでは、子どもの言動の受け止め方、そして子どもへの対応が違ってきます。子ども故の素直な発言を頭から否定したり、必要以上に心を乱したり、傷ついたりすることを抑えてくれるはずです。

そして、子どもがモラハラパーソナリティに会うことで影響を受け続けるのではという心配は、モラハラパーソナリティの価値観だけで子育てをしない今にあるということを思い出してください。今、子どもはモラハラパーソナリティの影響を受けなくなったあなたと暮らし、あなたの本来の価値観が注がれているのです。モラハラパーソナリティに脅え、コントロールされる生活のなかで過ごしていたかつてとは違います。

子どもは、あなた以外の存在からもいろいろなことを吸収して育ちます。当然あなたにとって好ましいと思えるものばかりではありません。それが社会です。そして、そのいろいろなもののなかには、たしかにモラハラパーソナリティの親も含まれています。

モラハラパーソナリティ側の親と面会した際、子どもはその言動に何らかの影響を受けることもあるでしょう。しかし、モラハラパーソナリティの言動、モラハラパーソナリティからの影響を必要以上に怖れることはありません。あなたは、今、すでにモラハラパーソナリティから離れて自分らしい生活と子育てをしているのです。モラハラパーソナリティから何らかの影響を受けて帰ってきた子どもには、あなたの価値観を伝え、フォローをすればいいのです。

子どもは様々なものを吸収して構築した自分自身の価値観で物事を判断するときが来ます。あなたらしい価値観を伝えれば、それが子どもの世界、物事を判断するための素材のひとつになるのです。

あなたが子どもと離れた側の親であっても同じです。そして、子どもに自分らしい価値観を伝える、そのためには、モラハラパーソナリティの自己都合に振り回されないためにも、きちんと面接交流について決めておくことが大切です。会う日程や、方法、場所などを公正証書、調停、裁判……正式な形で決めておくのです。被害者側の親が家を出た側であれ、子どもと暮らす側であれ、「面会に関する取り決め」が子どもと被害者側の親（被害者だった親）を守ることにも繋がります。モラハラパーソナリティは、自分の気分で会いたがりますし、約束を守らないこともあるでしょう。また、あなたを子どもに会わせまいとすることもあるでしょう。しかし、ルールを決めておくことは、そのどちらからも、子ども、被害者だった親を守ります。

また、モラハラパーソナリティの自己都合的な子どもへの接触をなかなか拒否できない癖が被害経験者にはついています。恐怖心がぬぐえない、拒否すればどんな態度が返って来るか予想ができてしまい、こちらの都合を主張できずに相手に合せてしまう。そんな時、子どもがモラハラパーソナリティ側の親と会っている間、まるで針の筵《むしろ》に座っているような辛さを味わうでしょう。相手に振り回されてしまったことに対する自己卑下感、自分勝手を未だに通用させるモラハラパーソナリティへの怒り、ひいてはモラハラパーソナリティの親に会いたがる子どもに対する苛立ちなど、様々な感情が押し寄せるかもしれません。

面会の取り決めは、そんな負担からもあなたをいくらか助けてくれます。相手の気ままな要求に、「こう決まっているので既にこちらにも予定が入っている。ルールは子どものためにも守って欲しい。ルールは守るものだと子どもにも教えたい」と言うこともできます。

自分の生活のリズムを自分で作っていくことが、被害者だった親にはとても大切なことなのです。今までモラハラパーソナリティに境界線を無視されてきた被害者にとって、きちんと境界を引いて自分の世界を守ることは、被害者心理を手放し、自尊心を回復させる第一歩なのです。

子どもを相手の元に置き、子どもから離れてしまった被害者側の親こそ、しっかりと面会のルールを決めておき、子どもと定期的に会う機会を確保することが大切です。そうすれば、子どもに影響を与える親のひとりとして、あなたの愛情や思いを伝え続けることができます。モラハラパーソナリティから離れ、いきいきと暮らし、自分の価値観を取り戻したその姿を子どもに見せ、伝える。いつでも手を広げて「あなた（子ども）を受け容れることができる、待っている」という思いを伝え続けておけば、子ども自身の価値観によって、モラハラパーソナリティ側の親から離れたいと思ったとき、「自分には行き場所がある」「心のオアシスになる人がいる」と思え、それは子どもにとって大きな支えになるのです。

どれだけ、モラハラパーソナリティ側の親が被害者であった親のことを悪く言おうとも、子どもは真のあなたの姿を拾い上げていきます。

我が子にいきいきと生きる本来の自分を見せ、我が子に会っているときに愛情を注いで上げて欲しいと思います。

そのためにも、モラハラパーソナリティ側の親を怖れずに、子どもと会うためのルールをしっかりと決めてください。

・モラハラ親とどうつきあうか

これまでにも述べたように、モラハラパーソナリティの影響で、被害者のほうが、無責任で無関心な親として子どもに認識されたり、酷い親であると思われていることがあります。モラハラパーソナリティは、自らは直接働きかけずに、被害者のほうに自分の代理を担わせる結果、子どもには自分のイメージをむやみに押しつけない寛容な親として映っていることがあります。

こうしてみると一見、どちらが被害者で、どちらが加害者なのか、非常にわかりにくいことに気づくでしょう。

温和で寛容に映るモラハラパーソナリティ側の親も、被害者側の親を通して子どもを自分のイメージ通りに行動させることができなければ、子どもをも攻撃のターゲットにしはじめることは言うまでもありません。被害者側の親も、こうした自分の行動に気づかなければ、または気づいても仕方ないと諦めてしまえば、子どもにとっては、モラハラパーソナリティと同じ存在になってしまいます。モラハラパーソナリティでなくても、その時の心のあり方によってモラハラ的言動をしてしまい、それを長く続けてしまううちに習慣化することがあります。

こうした親の在り方は、子どもに大きな影を落とします。

モラハラという問題は、相手がモラハラパーソナリティであるかどうかをジャッジすることよりも、被害者自身が自分の置かれている状況に気づくこと、自分の行動や心理状態に気づき、それを自分の意思で変えていけるかどうか、そのためにはどういう選択をしていくかを決められるようになることが大切です。

「毒親」「モラ親」といった言葉との出会いで、子どもは親が心の膿を自分に投げ込んできたこと、親の態度が自分をいかに傷つけてきたかということに気づきます。親に直接、その怒りをぶつける子どもたちもたくさんいます。

親がモラハラパーソナリティであれば、子どもが傷ついた思いや辛さを伝えても当然通用しません。また、長い間被害者心理を持ち続け、子どもにモラハラパーソナリティの代理行動やモラハラ的な被害者心理行動を続けてきた、特に高齢となった親であれば、「確かに自分はひどいことをしてきたかもしれない、でも今更どうすることもできない」と、開き直ることもあるでしょう。

モラハラパーソナリティ側の親であれ、モラハラ攻撃を受け続けた影響でそのようにしてしまった親であれ、それを長く続けてきた分、自分を守るために選んできた行動をやめるのは、とても難しいことです。

子どもは、こんな親であって欲しいという期待をなかなか棄てきれません。わかって欲しい、変わって欲しいという思いは、親子ゆえになおさら強いものでしょう。自分の思いを伝えた後の親の態度を見て更に傷つき、また怒りを増幅させてしまいます。そんな親を拒絶することで、自分の立て直しをしようとがんばる人たちもたくさんいます。しかし、拒絶しきれない苦しみを抱えるのもまた親子という関係ゆえです。

親は今までそうやって生き延びてきた。しかし、あなた（子ども）はそれにいつまでもつきあわなくていいのです。親がモラハラパーソナリティであろうが、被害者だった親であろうがそれは同じです。

親の態度が自分を苦しめてきて、やっとその思いを伝えたとしても、親の劇的な変化はないでしょう。あなたはただ、棚卸《たなおろし》のように自分の思いを伝えるだけです。けれども、そうやって心の棚卸をした後、空いた棚に、これからは自分の置きたいものを置けばいいのです。

怒りの感情や、報復感情を持ち続けることは自分自身にとっても辛いことです。相手が親ならばなおさらです。許せなくてもいいのです。「親はそうすることで生き延びてきた、自分よりもずっとずっと弱い人であった」ということを受け止めればいいのです。

拒絶と諦めることは違います。諦めの後、諦めたなりの距離感やつきあい方が見えてきます。諦めたなりの「会わないでおこう」という判断は、拒絶とは異なります。

私はいつもクライアントさんに伝えます。

「その言葉からマイナスのイメージを抱きがちですが、あきらめるとは、明らかに見るということから来ているとも言われています。そして、手放すものを見極めた結果、空になった手に新たに掴むものを見いだしていく意味合いがあるのです。親を、前向きな意味であきらめてくださいね」と。

そうすれば、親との新たな距離感や関わり方が見えてきて、無駄に怒りだけに包まれることもなくなってくるでしょう。親には親の生き方があり、自分には自分の生き方がある。そう気づいた瞬間から、自分の生き方を選んでいいのです。

子どもがモラハラを受けていることに気づいたら

「結婚して別居している子ども（娘）がモラハラ被害者なのではないか。どうも最近の我が子の様子がおかしかったのは、モラハラを受けているせいなのではないか」と感じて、カウンセリングルームを訪れる親御さんも少なくありません。

そして、実家に帰ってきている子どもにどう接すればいいか、また子どもとモラハラパーソナリティをどう引き離せばいいかと尋ねてこられます。

モラハラという言葉に出会い、もしかして自分の子どもが、と思った親御さんは熱心に勉強をされているせいか、ご相談内容もピントがずれていない方が多いと感じています。お子さんの様子を伺うと、あくまでも本人が話された内容ではないので断定はできませんが、確かにモラハラを受けている可能性があると思われるケースが少なくありません。しかし、たとえモラハラの被害者であったとしても、お子さん本人が自ら被害者であることに気づき、その状況をなんとかしたいと思わなければ、第三者にできることはあまりありません。

これまで、別書や本書で書いてきたように、モラハラパーソナリティは、モラハラ支配を行うため、ターゲットを自分のテリトリーに取り込みます。モラハラパーソナリティにとって不都合な助言をする親や友達といった身近な存在からターゲットを離れさせます。

親子の場合であれば、「まだ親離れできていない」「君の親は干渉しすぎだ」「なんでも親に相談して、自分では決められないのだな」などと、言われた側が少なからず後ろめたく感じる言葉を投げかけます。すると、その言葉に影響を受けたターゲットは「自立しなければ」「親の干渉をやめさせ、拒否しよう」と、身近な存在から距離を置きます。しかも本人は、自分の意思で距離を置いたと信じ込んでしまうのです。モラハラパーソナリティは、ターゲットが親離れして自立することを求めているのではなく、自分のテリトリーに取り込むためにコントロールしているに過ぎません。しかしターゲットは、「私に大人になるように注意してくれている」「自立することを勧めてくれている」と、モラハラパーソナリティからの言葉を好意的に受け止め、逆に親や友人など身近な存在からパートナーを否定されると、「私に干渉しすぎている（コントロールしようとしている）。パートナーから引き離そうとしている」と捉えて、どんな言葉をも拒否しはじめるのです。また、パートナーを否定されることは、そのパートナーを選び、一生懸命生きている自分自身が否定されているようにも感じるのでしょう。誰も否定していないのにそう感じることこそ、モラハラパーソナリティであるパートナーに取り込まれ、モラハラの被害者である状態なのですが……。

わが子がモラハラに遭っていると気づいた親は、少しでも早くモラハラパーソナリティから守りたいと焦るあまりに、積極的にアドバイスをしようとしがちです。しかしほとんどの場合、かえって逆効果になります。この状況にある被害者は、結婚生活に息苦しさを感じているけれども、それをまだ直視できずにいます。自分が無理していることを第三者に指摘されたくない、ましてや、パートナーと関係を解消するという発想がまるでない状態ですと、親の言葉など聞き入れてくれません。これらはすでに述べたようなモラハラ被害者の心理構造が関係しています。

子どもがモラハラ被害者かもしれないと気づいたきっかけは、お子さん本人から気になる言葉（愚痴や相談）を聞いたからだと思います。親御さんからすれば早く何とかしてやりたいと思うのでしょうが、お子さんがそうした話をするのはやめようと思ってしまうと、状況を知るせっかくの機会を逃してしまうことになります。そうしないためにも、まずお子さんが自分の状況を安心して話せるよう、どんな内容も否定せずにしっかり聞いてあげることを意識してください。そして、気にかかる点があれば、あなた自身の感想を伝えて、お子さんの意見を尋ねてみてください。

「それって、そんなに怒るようなことではないと思うのだけど、どう思う？」

「それってなんだか、あなたに決めさせているようでいて、相手の意見通りではないと受け容れてくれないように感じるけど、どうかしら。あなたは自分の本当の意見をちゃんと言えているの？」

「前と逆のことを、○○さんはいっているように思うけれど、どうかしら？」

と気づいたことを伝えてください。そうした言葉かけに「そんなことないわよ」という言葉が返ってきても、考えを改めさせようと力まずに、そうしたやりとりを繰り返してください。被害者心理から、それらの言葉を拒絶してしまっても、そうした過程がいずれ心の整理の材料になります。モラハラパーソナリティ以外の価値観に触れるということが大切で、親御さんにはその役割を果たして欲しいのです。

「モラルハラスメントという言葉を知ったのだけれど、なんだかあなたの状況と似ている気がして」と、ふとしたときに「モラルハラスメント（モラハラ）」という言葉に出会わせてあげてください。モラハラ関連の本を手渡すのも方法のひとつでしょう。すぐに手に取らなくても、手渡した時点で、その言葉にもう出会っているのです。

親や友人といった第三者ができることは、モラハラ被害者であることを自覚させようとするのではなく、どんな選択をしても応援すると伝えながら、本人の気づきを促すように、地道に情報を提供し続けることなのです。

子どもを守る親も、心にダメージを受けてしまう

子どもがモラハラ被害に遭って実家に戻ってきている場合、我が子を守るためにと、モラハラパーソナリティとのやりとりを、子に代わり全面に引き受ける親御さんは少なくありません。

被害者がモラハラパーソナリティから距離を置き、心の整理をする時間を持つことは大切です。モラハラパーソナリティからの連絡に、被害者は心を乱しがちになるため、親御さんが間に入り、直接やりとりさせないような形を取るのは望ましいことです。しかし、我が子に対するモラハラパーソナリティの態度を見たり、また直接的でなくとも子どもが受けてきたモラハラの話を聞い

ているその相手とやりとりをするうちに、親御さんの方がモラハラ被害者と同じようにダメージを受けるケースが多く見受けられます。

例えば、弁護士に依頼する効用のひとつとして、全くの第三者である弁護士が当事者と相手方の間のクッションになってくれることがあります。しかしこうした専門家でさえ、モラハラパーソナリティ相手との交渉は、普段以上に疲弊することがよくあるのです。専門家ではなく、ましてや被害者が大切な我が子である親ならば、ダメージを受けるのはなおさら当然のことです。

また、モラハラを知っている親は、なるべく被害者である子どもを追い詰めないようにと考えて、我が子に対するものであっても言葉や態度に気を遣います。そして、自分が話を聞いてあげなければ、力になってあげなければ、と一身に子どもを受け止めようとします。ですが、そうすればするほど、知らないうちに親の精神的なダメージは強くなります。

実は、子どもが親に自分のモラハラの経験を語るとき、解決して欲しいと願っているわけでも、助言をして欲しいと願っているわけでもないことが多いのです。傷ついた子どもは、親は無条件に自分を理解してくれると、ただ話を聞いて欲しいだけのことが多いのです。ただただ噴き出てくる感情を親に投げ込もうとするような甘え方をする時期が被害者にはあります。そして、そういう甘えられる存在が必要な時期でもあります。

そんなときに、親がなんとか力にならなければ、早く解決に導かなければと意見をしても、意見を受け入れる態勢がまだ整っていない被害者である子どもは、親の意見に拒絶反応を示すことがあります。そうなると、親は子の反応にいらついたり、落ち込んだりしてしまいがちです。

気づくのが難しい子どものモラハラ

「自分が気づいてやれなかった」「もっと早く気づいてやっていたら」「子どもよりも人生経験を積んでいるのだから自分が見抜いてやるべきだった」と、不必要なまでに自分を責めてしまう親御さんもいます。

モラハラは、モラハラパーソナリティがそれを始めるまで、それと気づくのが難しいこと、モラハラパーソナリティは対外的にはとても良い人（外面がいい人）であることが特徴としてあげられます。モラハラを受けている本人さえなかなか気づかないのですから、親がそのことに気づくことはなおさら難しいことです。

「今思えば、気にかかるようなことはあったのです」と話される親御さんもいます。しかし、パーフェクトな人間はいないように、どんな人にも気にかかる点、相性が合わない点はあるものです。親が子どもの選んだ相手を完全に気に入るということはまずないでしょう。相手が若ければ、若さ故の未熟さもあるでしょう。また、親が気づいて忠告したことを子どもがそのまま受け容れて、自分の人生選択をあっさりと変えてしまうことも問題があるように思います。

「今思えば、気にかかるようなこと」それは、子どものパートナーがモラハラパーソナリティだったと知った今だからこそ、当時気になっていたことが一般的にあげられているモラハラパーソナリティの特徴と結びついているに過ぎません。

決して自分を責めないでください。そして、我が子はとても辛い経験をしたけれど、きっとそれをこれからの人生に活かしていくことができる力を持っている、と信じてください。

親が自分を責めるあまりに精神的に参ってしまうと、子どもは親に遠慮してしまいます。

親が参っている様子を見て、無理に元気に振る舞う被害者もいます。振る舞ううちに、自分の方が親より元気だ、自分はもう大丈夫だ、と信じようとする被害者もいます。被害者はただでさえモラハラに遭い、自己嫌悪感に苛まれています。親が自分のせいで苦しんでいるとすれば、その罪悪感まで抱えることになってしまいます。自分が元気であれば親も楽になるのではないか、親を苦しめないのではないかと考え、そうなると、心の傷を封印(70頁参照)してしまうことにつながりかねません。

親は、子どもが語るモラハラの内容に、まるで自分が攻撃を受けているかのように同調し、傷ついてしまいがちです。大事な我が子が傷つけられたのですから客観性をなくすのは当然のことだと思いますが、いっしょに傷ついていては共倒れしてしまいかねません。親は子どもの話す内容に同調しすぎないよう意識することが大切です。同調しすぎると、親も、いえ、親だからこそ、間接的とはいえ、直接攻撃を受けたのと同じ状態になりやすいことを知っていてください。

また、被害者心理の作用もしくは「子としての甘え」から、自分のイメージ通りの態度がかえってこないと、親に対して攻撃的になる被害者もいます。親が話を聞いても、何か助言をしても納得がいかず、ちっともわかってくれないと親を責めます。自分のイメージ通りの言動を親に求めてしまうからです。

被害者本人さえもわからなかったモラハラという問題を、直接の被害を受けたわけではない親にわかるはずはありません。わからないものを「私がなんとかしなければ」と思うことは、親にとってどんどん負担になっていくでしょう。また、同調しすぎる状態で、子どものモラハラ被害の内容を聞き続けていると、親自身もモラハラ攻撃を受けたのと同じような心理状態にますます陥ります。子どもの心象風景を感じることができていて、子どもの心境を理解できていると思うほどに、親も傷ついていきます。そして同時に、客観性に欠けていきます。

子どもの話を聞いて、自分がなんとかしてあげなければ、子の痛みを理解しなければと思えば思うほど、親自身、自分の心の痛みに気づかず、抱え込みすぎていきます。それは、モラハラパーソナリティからの攻撃を、許容量を超えてもなお抱え込んできた被害者と、似た状態といえます。しかし似た状態であっても、決してモラハラ攻撃を受けてきた「子」と同じではありません。親子とはいえ、個人の身に起きたことすべてを理解はできません。

親子であっても理解しきれないのがモラハラです。子どもから話を聞き、理解しているつもりになっていても、それはあくまでも自分のイメージであり、親としての傷つきです。子どもの世界が見えているわけではないということをしっかり認識し、子どものモラハラ問題に対して客観性を維持するように努めてください。

子どもの絡まった心を整理するためには、事実をただ淡々と聞くということが大切です。そうはいっても、大切な我が子が傷つけられた日々についてひたすら聞くというのも、親には非常に辛いことです。一日中、子のモラハラ問題のことを考えてしまうと話される方もいます。それもまた親ゆえでしょう。それ故に、どんどん客観性をなくし、親も被害者心理に至ってしまうのです。共倒れしないためにも、しんどくなっていることに自分自身がしっかりと気づくようにし、子の話を聞くときに客観性が失われてきたと感じたら、少しその問題から離れてみてください。

定期的にカウンセリンググルームに来られているあるクライアントの御母様は「私はあなたの話をうまく聞いてあげられなくなってきているから、そして、あなたも心が破裂しそうになっているようだから、カウンセリングに行っておいで」とおっしゃるそうです。もしあなたの親がそんな風に言っても、突き放された、見棄てられたと思わないでください。自分の許容量を知っていること、重くなりすぎた心の荷物をおろすことは、双方にとってとてもいい方法だと思います。

子どもは幾つになっても親を前にすると子に戻ります。親はわかってくれて当然、受け止めてくれて当然と、しんどいときほど思ってしまいます。しかし、モラハラ攻撃というものは、親であっても理解しきることはできません。辛いほど、親に依存してしまうのが子でもありますが、その依存から、子は親に対してきつい言葉を投げかけてしまいます。親のほうは、理解できないモラハラについて、なんとかアドバイスしようとしてしまいます。そうすると被害者である子は「なにもわかっていない」とますます思い、親に対して攻撃的にさえなってしまいます。親は「我が子のことをわかってやれない」「理解しきれない」と落ち込んだり、攻撃的な子に腹が立ってきたり悲しくなったりと、ますます客観性が失われていきます。これは、親もモラハラ問題に取り込まれつつある状態といえます。

親（支援する人）が、いっしょにモラハラ問題に取り込まれてしまっては支援できません。被害者も、被害者の支援をしようとする身近な人も、心のうずきを抱え込まないことが大切です。

子の問題に向き合ってケアしようとするとき、こういったことをしっかり意識して、自分の心のうずきにも耳を傾けるようにしてください。そしてそのうずきは、子を思うが故のうずきなので、自分を責めずに、うずきが軽くなるように、少し子の問題から距離をとったり、自分の時間を持つなどしてリフレッシュしてください。

4 被害者をやめていくために

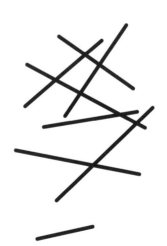

モラハラ攻撃を受けた被害者・被害経験者は、心に大きなダメージを受け、その影響で、本来の自分らしくない言動を取ってしまうことがあると述べてきました。

モラハラ被害者の典型的な態度とされている落ち込みや自信喪失。それだけでなく、反動的にわき起こる報復感情・攻撃性こそ、被害者が抱えやすい心理状態であり、丁寧にケアしておくべき点であるともいえます。

落ち込んだり自信喪失といった自分の状態は比較的気づきやすく、自ら望めば時間がかかっても変えていくことができます。

しかし、報復感情や攻撃性は、自覚することが難しいため、それと気づかないままに突き進み、その人のパーソナリティとして固定化しかねないものです。さらには、モラハラという攻撃を受け続けてきた影響もあり、それまでの自分では考えつかないような行動もできてしまいます。

たとえば自分の攻撃性に気づいても、モラハラパーソナリティと同じようなことを誰かにしているとは認めたくないため、攻撃行動に対する肯定材料を探そうとします。それこそ、モラハラパーソナリティと同じだと思いませんか？

怒りの感情を自覚する

モラハラを受けてきた人たちの多くは、その苦しみと心の傷に気づいた時、モラハラパーソナリティに対して怒りが湧いてきます。自分にひどいことをしてきた相手に怒ることは当然の感情であり、それ自体が悪いわけではありません。しかし、モラハラ攻撃を受けて自分がいかに辛かったか、どう感じてきたかをモラハラパーソナリティである相手にぶつけても、相手は決してそれを受け止めません。それがモラハラパーソナリティであるゆえんです。

モラハラという攻撃を受けていたと知った被害者は、相手がどれだけ自分にひどいことをしてきたのか少しでも理解してもらおうと思い、一生懸命伝えようとします。しかし、のれんに腕押しの状態で、モラハラパーソナリティがそれらをくみ取り、理解することはまずありません。モラハラという言葉に出会った被害者・被害経験者は、そのことに気づいています。気づいているけれどあきらめきれない。それは心のどこかで、いくらモラハラパーソナリティであっても少しはわかってくれるのではないか、という期待が捨てきれずにいるからです。

相手に自分の気持ちをどれだけ伝えても、期待する共感や反省は決して得られません。それどころか相手はますます攻撃してきます。

夫婦間のモラハラで、調停や裁判で泥沼化してしまうのは、こうしたことも大きく関係しています。モラハラパーソナリティがいかにひどいことをしてきたかをわからせようと、調停や裁判という公の場を、報復の場にしてしまうからです。相手が自分のしてきたことを理解し、納得することは決してありません。離婚を決めたら、相手と淡々と別れることを優先することが大切です。

攻撃の張本人に向けられない行き場のない感情は、モラハラ環境渦中のみならず、その環境から脱した後も心のなかで居座ります。こうしたもやもやした感情を抱えることの苦しみから逃れようと、被害者は様々な処理方法を試みます。忘れようと封印を試みたり、上手に捨てようと語ったり綴ったり。

居座った感情は出口、また受け皿を求めます。その受け皿に自分を選んだ場合、モラハラ攻撃を受けてきた自分を許せなかったり、自分を責めたりします。

受け皿に他者を選んだ場合、その他者との関わりのなかで、行き場のないため込んでいる感情をはき出したりしてしまいます。人づきあいのなかで、ちょっとしたことでイラッとすることは誰にでもあります。そうしたときにため込んでいる感情を一緒にはき出してしまうのです。当然、相手は自分の怒りの本当の対象ではありませんので、その怒りが消化されることはありません。そして、関係ない怒りを一緒にはき出そうとしていると自分で気づかない限り、ずっとその作業を繰り返すことになります。

怒りが自分に向かうこともあります。自分が信用できない。自分が嫌で仕方がないといった気持ちがわき起こります。

なぜ、これほどまでに自分または他者に怒りを覚えるのだろうと感じたならば、行き場のない怒りをため込んでいないか、その感情の処理の仕方を過っていないかと振り返ってみて下さい。

他者に向かう怒りに対して、「私は正しいことをしている」「感じたこと、傷ついたことを主張するのは私の正しい権利だ」といった「正義」「権利」という自分への肯定材料は、時としてあなたを過剰な行動へと駆り立て、本当の感情に気づくことから遠ざけます。

正しい対象に向けられていない感情は、どれだけはき出しても、おさまるどころかどんどんふくれあがります。そしてふくれあがった感情は、衝動的に、そして条件反射的にあなたの行動を作っていきます。必要以上の怒りを向けられた相手は、あなたを納得させるような対応は当然してきません。そうすると、あなたの怒りはますます膨らみます。

常に怒りの感情がうずまいている状態になったあなたは、はき出す対象を探し続けるようになるでしょう。

相手が困惑して、あなたの怒りをなんとか沈めようと、自分の考えを控えたり、謝ったりする様子を見て、時に快感を感じるかもしれません。自己肯定感が高まった気になるのです。しかし、それは本来の意味での自己肯定感ではありません。筋違いの自己肯定感ではあるのですが、一瞬高まった気がするためその瞬間を求めるようになります。怒りを投げ込む相手を無意識に探し、選んだ相手を責めることを繰り返します。繰り返し続けると、その行動・思考パターンは固定化して行き、いつしかそれがその人の「パーソナリティ」になってしまいます。

あなたがモラハラパーソナリティでないならばわかるはずです。その行動は、モラルハラスメントです。そして固定化し、自分に気づいていくしんどさと向き合うことより、その行動で自分を助けるようになれば、あなたはれっきとした「モラハラパーソナリティ」なのです。

すでにモラハラパーソナリティから離れ、「自分はもう大丈夫だ。普通の生活を送っている」と思っている人こそ、無自覚の怒りの感情に支配されてしまうことがあります。

モラハラ攻撃で受けてきた傷は、そうたやすく癒やされるものではないということ、そして、経験した記憶は、消え去ることはないということを知っていてください。

しかし、それを恐れる必要はありません。記憶は現在の出来事ではないのです。傷や記憶がうずくことを悪いことと捉えて封印してしまわずに、「うずいているのだなあ」「反応しているのだなあ」と被害者心理を認め、向き合っていくことが大切です。時折、似たようなシチュエーションによって、その傷や記憶が反応することがあると知っていれば、行動を自分でコントロールすることができます。本来の自分らしい行動を取り戻していくこともできます。

自分を受け入れてもらえないと感じたり、否定的だと感じた時、決してその人のすべてや人格を否定しているわけではないのに、被害者・被害経験者は、かつてのモラハラパーソナリティにされてきたような否定をされたかのように心が反応し、攻撃的になってしまいがちです。

モラハラによる傷や記憶は、他者の言動に過剰に反応してしまいがちなこと。モラハラ環境ではいっさい自分を認めてもらえず、受け入れてもらえなかった経験から、モラハラパーソナリティでない人とのやりとりにおいても、必要以上に認めて貰おうとしてしまうことを知っていて下さい。

相手は本当に自分を否定しているだろうか、かつてのモラハラパーソナリティへの責めの感情が、目の前の「安全な相手」に対して吹き出てしまっていないかと見つめてみて下さい。

他者にすべてを受け入れてもらえるなんてことは、まずありえないことを思い出して下さい。

そして、自分の思いを相手に理解させよう、受け入れさせようと必死になるとき、モラハラ攻撃を受けたなかで無意識に学んでしまったモラハラ手法を使う危険があることを知っていて下さい。

それらを自覚していれば、目の前の相手に認められることだけにとらわれず、あなたらしいコミュニケーションの方法、あなたらしい行動を見つけ出していくこともできるでしょう。

自分もモラハラパーソナリティなのではないか？

もちろん、相手の言動に傷ついたのに、その感情を表に出してはいけないと言うのではありません。モラハラパーソナリティではない普通の人ならば、思いを伝えあうことができます。その思いを伝えるときに、被害者心理の影響について少し思い出し、自分の感情にまず冷静に向き合ってほしいということです。

そのためには、被害者・被害経験者が起こしやすい、条件反射的な言動を意識しておくこと。こみ上げてくる感情を少し抱きしめて冷却させ、理解したうえで、自分らしい言動を選んで欲しいということです。

落ち込み、自信喪失、うつ状態といった被害者心理も辛いものですが、こうありたい自分をしっかり描いて生活し続け、その状態から立ち直っていくことは、攻撃性を克服することよりも難しくはありません。モラハラ被害に遭う前のこれまでの人生のなかで、自信を身につけてきた道のりと同じです。

しかし、攻撃性はなかなか自覚しにくく厄介な存在です。攻撃感情は自己コントロール力を奪いやすく、いくらでも肯定材料を見出すことが可能だからです。

もしかすると、モラハラをする一部の人たちは、こうした被害者心理からの攻撃性が固定化してしまった人たちなのかもしれません。

「……もともと、自分にはそういうところがあったのかもしれません」と、言葉を添えながら、「こんな言動をしてしまった」「人を傷つけてしまった」「自分もモラハラパーソナリティなのではないか」とためいきをつきながら話す被害者・被害経験者がいます。

モラハラパーソナリティの特徴は、自分の言動がモラハラだと認められない人であることを思い出してください。「あなたの言動に傷ついた」と誰かから伝えられたら、モラハラパーソナリティの場合は、「気にしすぎだ」「君の受け止め方が悪いのだ」と、相手側に原因を求めます。しかし、あなたは、そういうつもりはなかったが、傷つけるような要素があったのかも知れないと振り返り、他者を傷つけたと悩んでいます。それがあなたとモラハラパーソナリティとの根本的な違いです。

たとえたしかに相手側の気にしすぎだとしても、その言動がその人を傷つけたのだとまず受け止める。だからこそ辛いのです。多くのモラハラパーソナリティは、その受け止める作業、傷つけたかも知れないという気づきを拒否します。受け止める辛さから逃げるのです。

誰かを傷つけてしまったかも知れないと思い、そのことが辛いと感じるのは、あなたが他者の気持ちを慮《おもんぱか》ることができる人だということです。人を傷つけてしまったことに気づけることが大切で、今抱えている辛さはその気づきの証拠です。あなたは、モラハラパーソナリティではないということです。

この辛さをどう受け止め、次の行動をどう（自分で）決めていくかで、「被害者の加害者化」へ進んでしまうかどうかが決まります。

被害者・被害経験者にとって、自分の心の都合を流し込むという、自分が受けてきて辛く、嫌悪している手法を無意識にでも自分が使ったかも知れないという思いは、かなり辛いものでしょう。かつてのモラハラパーソナリティと自分の言動に、共通性を見いだして身震いするほどにぞっとするかも知れません。しかし、あなたがモラハラパーソナリティではないならばやめていくことができます。自分の心をコントロールしていくことができます。

自分への不信感を乗り越える

被害者・被害経験者は、罪悪感に引きずられる癖が強くなっていて、心を停滞させてしまいがちです。自分で物事を決める自信や、やるべきことに向かう気力を無くしています。

それは、モラハラパーソナリティに、誰でもが持っているような些細な罪悪感を利用され、精神的におとしめられ、自分で自分を信用できないようになってしまったからです。

先述した「誰かを傷つけたかも知れない」という気づきも、きちんと受け止める必要はあるものの、その罪悪感に引きずられ過ぎないように気をつけねばなりません。

あなたに傷つけられた、と誰かから言われたなら、そして、あなたが誰かを「傷つけたかも知れない」と感じるのなら、その相手にあなたの思いを伝えれば良いのです。その相手と向き合って話し合えば良いのです。「傷つけられた」と伝えることも勇気が要るとあなたは知っているはずです。気づいたからこそのあなたらしい行動をすればいいのです。

モラハラパーソナリティとずっとやりとりしてきたあなたは、伝えられること、伝えることに臆病になっているでしょう。モラハラパーソナリティから伝えられてきたものは攻撃ばかりでした。モラハラパーソナリティには、あなたの思いが一切伝わらなかったし、それどころか、さらに攻撃されました。「自分の方がおまえに傷つけられた」とモラハラパーソナリティに責められもしたでしょう。「誰かに自分の思いを伝えても、決して受け止めてはもらえないだろう、さらに攻撃されるかもしれない」あなたはそう思ってしまうかもしれません。

しかし、相手はモラハラパーソナリティばかりではありません。自分が感じたことを伝えてもいいのです。相手がすぐ受け入れてくれなくても、いつか、その相手と理解し合える時が来るかもしれません。伝えた結果、もし相手が攻撃をしてきたなら、そっと遠ざかれば良いのです。あなたは自分の気づきを相手にちゃんと伝えれば、それでいいのではないでしょうか。罪悪感をぬぐいたい一心に、「相手に完全に受け容れてもらわなければ」「許して貰わなければ」と思ってしまうかもしれませんが、躍起にならなくてもいいのです。

後悔や罪悪感、気づきは、あなたに悪いことばかりをもたらすわけではありません。この先自分がどんな人間になりたいか、どんな風に生きていきたいかを、自分で決めていくための材料にもなるのです。その気づきから、この先の自分を作っていくことができるのです。

モラハラ被害の経験者は、これから親しくなろうとする人、親しくなった人とうまくいかないと感じている人が多いようです。これもやはり、モラハラという攻撃を受け続けたために、他人を、ひいては自分を信用出来なくなっているからです。すべて相手が悪いのだ、またすべて自分が悪いのだと、原因を「今」の相手や自分にだけ求め、人間関係に支障をきたしてしまいます。

そんなときは、被害者心理の存在を思い出してみてください。

これまで書いてきたように、被害経験者は、二度とモラハラを受けるものかと強く思っています。そのため、親しくなる相手から少しでもモラハラの気配を感じると、何よりもまず、その相手に対して拒絶反応が先に出てきます。モラハラを受けていた当時の感情がわき上がり、その感情を打ち消そうとしているのでしょう。そして何度も述べたように、かつてのモラハラパーソナリティへの怒りを、今の目の前の相手へのものと感じ、かつて言えなかった思いを目の前の相手に投げ込むこともしてしまいます。被害者心理からわき起こる感情を出さなければ、伝えなければと反射的に行動してしまうのです。

そんなときは、それが今の相手に対する感情かどうか心のなかで何拍か数え、見つめてください。そして本当に相手に伝えたいことは何か、整理してみてください。

被害者・被害経験者は、モラハラパーソナリティの前で抑えてきた感情を心に溜め持っているため、反射的に行動してしまうと、一緒に抑えていた感情もあふれ出やすいことを知っておいて下さい。

時々、インターネットのSNS（TwitterやFacebookといったソーシャル・ネットワーク・サービス）のなかで、自分の思いを伝えること、自分と違うものを（無意識であっても）排除することに懸命になっている人たちを見かけます。些細なやりとりで傷ついたと心が感じたり、自分を受け入れてくれないととらえたり、自分と異なる考え方を提示されたりすると、そのことが許せなくて即座に攻撃に転じる人たちがいます。なかには攻撃する対象を探しているのではないかと感じられる人さえいます。被害者心理など、なにがしかの感情が心のなかにうずまいているようです。

顔や名前が見えないインターネットの世界では、特に、反射的にあふれ出る感情を流し込むという方法を容易にさせます。匿名で、それが自分であることを知られないと思っていればなおさらです。

しかし、顔が見えないから、相手は自分を知らないからと、それを自分に許していると、いつしか、それがその人のパーソナリティになります。そして、インターネットのSNSという世界で、常に対象を探し続けるようになるのです。

SNSに限らずそんな場を持って、溜め持っている感情を誰かに流し込むような処理方法をしてしまっていないか、よく自分を観察してみて下さい。

誰かに自分の感情を投げ込んでいるのではないかと感じたならば、あなたが持っている被害者心理の存在を思い出してみてください。

自らモラハラに近づかない！

被害者・被害経験者は、過去のモラハラパーソナリティへの思いに決着をつけたいと、いつもどこかで思い続けています。そのため、無意識に、似たようなタイプに近づいていってしまうことがあります。かつてのモラハラパーソナリティと似たような関係性を作れる相手を見つけ出して、近づき、決着をつけることに執着してしまうのです。

そういう相手を見つけては、かつてのモラハラパーソナリティ相手には果たせなかったことをしようとします。相手に自分を全面的に受け入れさせようとしたり、詫びさせようとしたり、行動を改めさせようとしたりします。そしてそれは、ほとんどが無自覚です。

目の前の相手は自分を傷つけてきたモラハラパーソナリティではありませんので、かつてのモラハラパーソナリティとの経験や思いに当然決着はつきません。それどころか、その相手がもし本当のモラハラパーソナリティであれば、ますます心は傷つけられる結果になります。

自分はモラハラ被害者になりやすいタイプだとつい考えてしまいがちですが、被害者になりやすいタイプなのではなく、被害者心理がケアしきれていないために、自ら似たタイプに近づいていってしまうのです。

「モラハラ被害者になりやすい人」といったリストをよく見掛けますが、特定のタイプがモラハラの被害者になるわけではありません。誰でもがモラハラの被害者になり得ます。もし、あなたがこうしたリストに該当すると感じたとしても、それは被害を受けた結果、リストに該当するような状態になった、ということがほとんどです。

どんなタイプであれ、性別に関係なく、誰でもがモラハラの被害者になり得るのです。そして、モラハラ攻撃を受ける度、多くの人が被害者心理に包み込まれてしまいます。

自分は被害者になりやすいタイプだと考えるのではなく、心をざわつかせる言動をする人に無意識に自分から近寄っていないか振り返ってみて下さい。

決着をつける場所を探す被害者心理は、似たような経験をしている人を支援したいという気持ちにもあらわれます。

支援したいという気持ちは純粋であったとしても、行動は被害者心理に引っぱられていきます。被害者心理を自覚していればそれに気づくことができ、支援対象者といったん距離をとり、自分の行動を見直すことができます。しかし、自覚できなければ、相手のためにやっている行動だ、と何の疑問やためらいもなく行ってしまいます。

たとえば、支援対象者の背景に見え隠れするモラハラ加害者に、自分の感情を流し込むというのもそのひとつです。支援対象者が今どう感じているかより、自分がその相手（結局はかっての自分のモラハラ加害者）に対してどう感じているか（感じてきたか）を軸にして支援・指示を行います。支援対象者がまだモラハラを認識していない段階で「それはモラハラだ」と断定し、「離れるべき」と行動を指図してしまったりします。また、同居を選んだり、選べば良かったと思っている被害経験者は、それを勧めたりさえもします。

そのように代替行動をとっても、過去に負った傷の決着はつきません。決着をつけたがっている自分に気づき、それをやめようと思うまで、延々と同じことを繰り返してしまいます。

そうした状態に陥っている被害経験者の多くは、モラハラ環境から離れた後の精神的なケアを軽視していることが多いです。そのため、自分の被害者心理から来ている行動に気づけないままその行動に突き進み、いつのまにか被害者心理と、その行動パターンが固定化してしまいます。

癖のようになった反応的行動を変えるのは、根気の要る作業です。モラハラ環境のなかでじんわり、そしてじっくりと抱え込んできた感情・癖をやめることはたやすくはありません。しかし、モラハラ環境で身につけた癖であるならば、自分の意思でやめていくことは必ずできます。

あなたは、あなたが望むように変わっていくことができるのです。

そのためにも、モラハラ環境でじんわりと染み着いてしまった被害者心理に気づき、向き合ってください。

被害者心理の影響で過剰に他者の言動に反応していないか、無意識に似たような人に近づいていっていないか、自分の心に決着をつけるため、何かを納得させるために他者を利用していないかと、時折自分をチェックすることを心がけて下さい。

自分の言動になんとなく違和感を感じるならば、それを無視しないようにしてください。それはあなたの心から発信された、被害者心理に気づいてほしいというメッセージ、被害者心理に向き合うチャンスでもあるのです。「人は無意識に自分の感情を他者に投げ込んでしまうことがある」と知った今、それを活用しましょう。そうした処理方法を固定化し、パーソナリティ化しないためにも、心から発信されるメッセージを無視しないようにしてください。

人は皆、自分の心から発信される様々なメッセージを受け取りながら、自分を構築し育《はぐく》みます。自分の心から発信される本当のメッセージを無視し続けているのが、モラハラパーソナリティなのです。

人と関わるのが怖いなら

「人と関わることが怖いのです」

「つきあいが全く苦手になってしまいました。昔はこんなこと無かったと思うのですが……」

被害者・被害経験者は、モラハラに似た言動に過敏に反応してしまうため、周囲の誰でもがモラハラパーソナリティに見えてしまい、人とコミュニケーションを取ることが怖くなります。そして、こうした状態がずっと続くのではないかと恐れます。

人と関わるのが怖い、人間関係が苦手になったと感じるのは、あんなに恐ろしい経験をしたのですから当然です。

これまでのあなたであれば、初めて出会う人に好奇心が芽生え、仲良くなりたいと近づくことが平気でした。そしてその相手が、どうも自分とは合わないなあ、仲良くなれそうにないなあと感じたら、そっと距離を取ることも自然にできました。しかし、モラハラを平気でできる人がいることを知って、人に近づくことがとても怖くなりました。そして人との距離感をうまくとれなくなった気がします。ですが、それは被害者の当然の反応なのです。

人間を怖いと思っていなかった犬が、いじめられたり叩かれたりしたら、頭上に手を持ってこられるだけで首をすくめ、ウーッとうなるのと同じです。

この犬は傷つけられていた、と知っている人であれば、様子を見ながら慎重に関わりを持とうとするでしょう。しかし、傷ついた犬であることを知らなければ、普通に接します。すると犬は、非常におびえた態度を見せたり、ガブリと噛みついたりしてしまうかもしれません。

その結果、扱いにくい犬、噛みつく危険な犬だと思われたりします。

「人間」は自分が傷ついていることを意識して、自分で行動をコントロールしていくことができます。モラハラを平気でする人がいるという発見は衝撃的で、強く脳裏に刻まれ、あなたの人との関わり方を誤導するかもしれません。ですが同時に、モラハラをする人ばかりではないこともあなたは知っています。モラハラパーソナリティと出会うまで、普通の人たちと関わっていたはずです。一方「今思えば、あの人もモラハラパーソナリティだったかも」と過去の関係にまで思いを巡らせ、ますます恐れが増しているのかも知れません。しかしたとえ、過去の「あの人」

もそうだったとしても、モラハラではない人も知っていることを忘れないでください。

傷ついた犬が、「人間は怖いんだ。自分を傷つけるに違いない」と決めつけて、近づいてきた人を噛んでしまう。そんな風にならないために、「この人の言動に心が揺さぶられ、心が痛むのは、この人も私にモラハラをしているからだろうか。それとも、私の被害者心理が反応しているのだろうか」と考え、目の前の相手を決めつけないようにしてください。不安が拭えなければ、ゆっくりゆっくり近づけばいいのです。反射的に拒否してしまうのは、新しい出会い、自分にとって心地よい出会いがそこにあるかもしれないのに、それをも拒否してしまうことにもなり、もったいないことですから。

誰もがモラハラパーソナリティに見えてしまうのは、モラハラを経験した人なら誰にも覚えのある反応です。モラハラの渦中にいる時は、怖いと感じることを自分に制してきましたが、離れるとその感覚が戻ってきます。そうすると、出会った人のちょっとした言動に、かつてのモラハラパーソナリティに感じるはずだった抑えこんでいた感情が出てきてしまいます。また、モラハラパーソナリティは、身近な存在になって（相手のテリトリーに入って）からその行動を表し始めるため、親しくなったらこの人もモラハラを始めるのではないか、かつての相手も初めは全くモラハラを感じさせなかったと不安に苛まれてしまうのです。

これまでは、どんな人にも恐れずに近づいて行けたあなたでしたが、モラハラを知ったことで、判断しながらゆっくり近づいていく関わり方に変化したと考えてください。それは悪い変化ではありません。人は日々、経験によって変化していくのですから。親しくなって、もしその人がモラハラを始めたら、離れれば良いということを、あなたは知っているのです。

依存を知る

モラハラの被害者は、自分のつらさの原因がパートナーからの攻撃によるものである、とわかっているのに、なかなかそのパートナーから離れられないものです。その点で「あなたは依存的だ」と言われてしまうことがあります。被害者は加害者に依存していると思われてしまうようです。専門家、支援者からこのように言われると、被害者は「自分は依存的なのだ」とますます思い込んでしまいます。

モラハラパーソナリティから離れる離れないということだけでなく、被害者は様々なことを自分の意思で決断できない特有の心理状態に陥っていることは確かです。自分の決断にまったく自信がなくなってしまっているのです。それは、自分の決定権をそぎ落とされるモラルハラスメントという攻撃を受けてきた被害者故の当然の状態ともいえます。

もともと依存体質の人でなくとも、心が傷つき、自信がなくなると、何かに頼りたくなるのは普通のことです。

様々な場面でモラハラパーソナリティのイメージ通りに選択するようにコントロールされ、その負の結果を「おまえが決めたのだ」「おまえが選んだのだからおまえの責任だ」と、引き受けさせられるというモラハラ攻撃を受け続け、極端に自信をなくしている被害者ならなおさらです。

モラハラ攻撃を受けて依存的に見える状態に陥っている被害者に、それをやめさせようと思い、「依存的である」と言い切ってしまうことの弊害のひとつに、そう言われた被害者が「頼ってはいけない」「依存してはいけない」と、極端に依存的な側面をなくそうと努めてしまうことがあります。それよりも、なぜ依存的な状態に陥ってしまったかに気づくことが大切です。それはつまり被害者心理の影響に気づくということです。

たとえて言うならば、頭痛の原因を明らかにせず、痛み止めを飲み続けて抑えても、頭痛は繰り返し起こりますし、その原因となっているものが悪化してしまうこともあります。

「あなたはパートナーに依存している」と、その依存的な態度を止めさせようとするよりも、そのサポートをしていくことが大切です。本来の自分の感覚、自分の思いに気づいていくことで依存的な態度はなくなっていくのです。

「あなたはこうだ」と言い切る態度は、目の前の相手に自分の理想の回復の姿を押しつけることになるのではないでしょうか。

普通「依存」のイメージは、依存対象がいないと何もできない自信なさげな姿をイメージすると思いますが、モラハラ被害者・被害経験者には、第三者のイメージしているそうした「依存」よりも、陥りやすい依存性があります。そのような態度をやめようと躍起になることで、逆に「一見依存的には見えない、気づきにくい依存」に陥るのです。

被害者は、まだ自分の選択に自信を持てていない段階で、「モラハラパーソナリティとわかったパートナーから離れなければ依存的である」と思われると、自分の本当の思い・選択で行動するのではなく、強く道を示してくれる人の意見に従う形で「モラハラパーソナリティには依存していない」ことを証明し、指示者の評価を得ようとします。そしてこの時の被害者は、元気で自発的に見えます。

これはまだ、モラハラパーソナリティとは別のコントロール性のあるものに依存している状態、被害者心理のどまんなかにある行動です。しかし、本人も周囲も回復の道を進んでいると信じているため、その依存を重要視しません。被害者の心理的段階によって、支援者が別の依存対象になってしまうのです。

恋愛や結婚でモラハラ被害に遭ってきた被害経験者が、自分はちゃんとした恋愛ができることを証明しようとして、心から思う相手が現れてもいないのに、不自然なまでに恋愛をしたい、再婚したいということで心がいっぱいになってしまうことがあります。これも依存行動です。

無理矢理ときめきを作り上げて、恋愛している気持ちに自分を追い立て、モラハラ環境での恋愛や結婚の失敗を早く補おうとしてしまうのです。また、モラハラ環境から脱して、本来の自分を取り戻す作業を行っている時期、吹き出てくる寂しさや、空虚感を埋めるために恋愛を欲してしまうことがあります。そういうとき、先述したモラハラパーソナリティへの思いに決着をつけようとする被害者心理が絡み合って、似たような人を選んでしまいがちです。そうした恋愛、結婚はやはりうまくいかないことが多いでしょう。

心が回復しきれていない時期の恋愛は、目の前の相手に対して抱いている恋心なのか、心の穴を埋めるために欲した恋愛感情なのか、自分に問いかける必要があると知っていてください。

キアヌ・リーブスとサンドラ・ブロック主演の「スピード」(一九九四年公開)という映画で「異常な状況下で結ばれた男女はうまくいかない」という台詞が出てきます。

いわゆる「吊り橋効果」といわれるもので、異常な状況下での興奮や緊張を、恋愛の興奮や緊張(いわゆるドキドキ感)と錯覚して、恋愛に陥ったと思い込むという理論です。

もちろん、この状況と同じとはいえませんが、被害者・被害経験者の被害者心理が、「目の前の人に恋をしていると自分に錯覚させて似たような人に近づいていく」「モラハラパーソナリティとの関係での思いに決着をつけるために次の恋愛を欲する」という点で、この吊り橋効果の恋愛と似ているともいえます。そして、次の恋愛や結婚で、早く自分の空洞や傷を癒やそうとするのも恋愛への「依存」といえるのです。

「早く新しい恋をして忘れなさい、と言われるのだけれど、恋愛に臆病になっているように思う」と話す人もいますが、むしろ恋愛に臆病になっている人よりも、ひたすら恋愛相手を欲する人の方が危ういかもしれません。新しい恋で傷を癒すという考え方は、ある意味厄介です。恋愛をしなければいけないという決まりはありません。「自然体でこの人といたい」という人に出会うまで、ゆっくりと自分の被害者心理を自分の力で癒やしていく時期が必要なのではないでしょうか。ゆっくりじっくりと、自分の感情を見つめていく。それでいいのです。ステキな人が現れれば、ゆっくりと関わりながら自分の気持ちを見つめていけばいいのです。

誰かに恋をすることはすてきなことです。しかし、それは本当に恋ですか?と問いたくなるような状態に陥る被害者・被害経験者が少なからずいて、こうした、何かを、誰かを使って、自分の心にあいた空洞を埋めようとしてしまう「依存」は、一見前向きな行動に見えてしまいます。そのため、不思議と気づきにくいのです。

こうした依存に陥りやすい被害者・被害経験者は、ゆっくりと自然に「モラハラ」から遠ざかった人たちではなく、急いで回復しよう、あるいはモラハラの経験を忘れよう、封印しようとしている人たちに多いと感じています。

加害者と言われたあなたへ

「あなたはモラハラパーソナリティだ」「あなたのしていることはモラハラだ」と言われ、本書を手に取った方もおられるでしょう。

モラルハラスメントという言葉の認知度が上がった効果のひとつとしては、モラハラという攻撃によって自分が傷ついていることに気づいた人たちが、その傷つきを言葉にできるようになったということがあります。しかしそれと同時に、実際にはモラハラパーソナリティでない人までもがモラハラパーソナリティであるかのようにいわれてしまうケースも増えています。

例えば男性が加害者と言われる場合、亭主関白からちょっと言葉使いが乱暴な人まで、すべてをひっくるめてモラハラとみなされがちです。ですが、家庭・家族というシステムを引っ張っていくためにトップ（群れのボス）としてふるまう亭主関白や、言葉使いの乱暴な人も、乱暴なりに相手の立場を理解しようとしているならば、モラハラパーソナリティとは呼べないでしょう。

自分の言動に気づくことができ、モラハラパーソナリティに近い振る舞いをしてしまうことがある自分をしっかり受け止め、自分の言動を常に、それこそ一生客観視しようとする人であれば、モラハラパーソナリティではないと私は考えています。

モラハラパーソナリティは、そうした自分の言動に、たとえ一時期気づけたように見えても、すぐさま肯定材料を用意して、その言動を自分に許可してしまう人たちです。「治った、やめた。だから自分はもうモラハラパーソナリティではない」と言う人もいます。そうではなく、人はそうしたことをしでかすのだ、そうした逃げ方をするのだ、自分はそれをやってしまったのだ、と受け止め、その自分の言動をそれこそ死ぬまで日常的に自己コントロールしようと思える人がモラハラパーソナリティではない人たちです。

モラハラパーソナリティにとって、家族や職場の構成員は自分のために存在し、相手のことは関係ありません。環境内の構成員を自分のイメージ通りに動かそうとします。自分自身の心の葛藤、イライラやストレスを処理するために、構成員を使います。

モラハラパーソナリティは、自分の楽・幸せのためにやっていることも、「あなたのためにやってあげている」と、責任の所在を押しつけます。

本来、誰かのための行動は、すなわち自分のための行動です。家族が、仲間が喜ぶと自分がうれしい。そうした「自分の喜び」のために行います。そして、相手が自分とは違う存在であると知っているからこそ、自分だけの幸せを押しつけません。すなわち、モラハラパーソナリティは、相手の喜びを相手の立場に立って考えようとしない、つまりは家族や仲間といった相手が喜ぶと自分がうれしいと思わない人たちであるとも言えます。

モラハラパーソナリティでない人は、相手を傷つけたと知れば、相手を傷つけないようにしようと考え、なぜ相手が傷ついたのか知ろうとします。相手の受け止め方が自分とは違うようだと感じたら、話し合おうとします。自分を知ってもらうため、そして何よりも相手を知るために……。

一方モラハラパーソナリティの場合、話し合いは「傷つけていない」「モラハラなどしていない」と相手に認めさせるためのもので、相手を知るためのものではありません。相手を傷つけた自分を認めずに、「傷ついたという相手が悪い」「相手が間違っている」「自分は相手のために行動したのにそれがわからない相手の方がおかしい」という逃げ方をします。それこそ、自分が傷つかないためです。つまり、モラハラパーソナリティは自分の楽を、相手に作らせようとする人たちだということです。

モラハラと言われてしまったあなた。これまであなたは相手と話し合ってきたと思っていても、実はあなたの思いをぶつけていただけなのかもしれません。そのためにモラハラと言われたのかもしれません。そうすると、相手はすでにあなたと話し合うことを怖がり、話し合いを持とうとしなくなっているかもしれません。そんなとき、モラハラパーソナリティは執拗に話し合いを迫ります。あなたがモラハラパーソナリティでないならば、話し合いたくなくなっている相手の気持ちにまず沿ってください。

自分は相手のことをなにひとつわかろうとせずに、自分の思いやイメージを相手に押しつけ、それが君の幸せでもあるのだと、自分の世界に相手を引きずり込んでいくのがモラハラパーソナリティです。

「あなたはモラハラを私にしている」と言われて、言われた本人がもっとも自覚しにくいのが、先述した静かなモラルハラスメント（24頁〜）です。「自分は乱暴な暴力的な態度はとっていない。何がモラハラだ」と思う前に、自分の言動に、相手を無視した自分の世界の押しつけ、コントロール性がなかったかを、見つめてみてください。相手のために言っているのに、と思うことが、「自分の思いの押しつけになっていなかったか」「相手には相手の思いがあるということを無視していなかったか」を見つめてみてください。

相手が何を思い、何を感じ、どう生きたいと思っているのか、何よりも自分とは価値観や考え方が違うこと、そして別人格なのですから違って当たり前だということを、置き去りにしていなかったか、見つめてください。「自分とは違う」と感じたことに、本当の意味であなたは好奇心を持てていたでしょうか？　自分とは違う相手を積極的に知ろうとしてきたでしょうか？

あなたがモラハラパーソナリティでないならば、あなたのしていることはモラハラであるといわれたことに過剰に反応せず、あなたの言動が、あなたが予想だにしていなかった傷つきを相手に感じさせたことを、まず受け止めて欲しいと思います。そして相手の感じ方を知ろうとしてほしいのです。

被害者であった人たちも、心に傷を負い、その傷（被害者心理）の影響で、まるで加害者のような言動をとってしまうことは、これまで述べてきたとおりです。もしかするとあなたも被害者心理を抱えていて、その影響で、相手への伝え方が無意識に攻撃的になってしまっていたかもしれません。また、相手が被害者心理を抱えていて、あなたの言動に過剰に反応したのかもしれません。いずれにせよ、そんなときは、少し互いに距離を取って、自分をしっかり見つめたうえで、落ち着いて話せるときに、まず相手の言葉に耳を傾けながら、話し合ってみて下さい。相手が、もうあなたと話し合いたくないと拒否したら、それがこれまでの関係性の結果です。

「あなたのしていることはモラハラである」と言われても、あなたがモラハラパーソナリティではないと思うならば、日々の忙しさで怠りがちになっていた自分自身を省み、相手との関係を見つめるチャンスでもあるのです。

「傷ついた、モラハラだ」といわれることに納得がいかないかも知れません。あなたは「相手の受け止め方が悪いのだ」「相手が気にしすぎるのだ」と思うかも知れません。

一人ひとり、生きてきた環境や歴史が違うのですから、何に傷つくか、言動や態度をどんな風に受け止めるかは人によって違います。

自分はモラハラパーソナリティとは違うのだと証明しようと躍起になるのではなく、「自分は傷つかないようなことでも相手は傷つくことがある」「自分とは違うのだ」ということをまず受けとめてください。相手との関係を大切に思えば、その気づきを相手とのコミュニケーションに取り入れていこうとも思えるはずです。相手が傷つかないような言葉を選んだり、そういう意図ではなかったと、相手にわからせようとするのではなく、「相手にわかる言葉」で伝えようとするはずです。

なぜそんな言動をしてしまったのか、「相手が怒らせた」といったように、相手に理由を見いだすのではなく、まず、相手のどのようなところに自分はイラッとしたのか、自分の何を刺激したのか、自分のなかの理由を見いだしてください。自分が悪いと思うのではなく自分を客観視し、分析するということです。それでも、どうしても、やはり相手に理由があるのだと思い、生き方や価値観がどうしても違い、それを押し付けあってしまう、そして傷つけ合ってしまうと思えば、精神的、物理的いずれにせよ、あなたの側から離れる選択もできるはずです。

本当のモラハラパーソナリティはそれができない人たちです。相手の感覚を尊重しようとはしません。自分に向かうことができません。そして、「そういう意図ではなかった」と説明しているようでも、自分の主張を相手に受け止めさせるための自分本位な説明になっています。相手が「自分が間違っていた」と言うまで相手を追いかけ、相手の間違い（相手の感じ方）を改めさせようとします。しかし、相手の感じ方は、相手の感覚であり、自由です。そして「そう感じさせないように気をつけ（続け）よう」と思うか、「そう感じられるなら仕方ない」と思うのかもあなたの自由です。

まず、相手の感性を受け止めようと思ってください。それは自分の感性を捨てろというのではありません。相手と自分の違いを知るということです。

その上で、自分にとって相手が大切な人であれば傷つけまいとすることができるはずです。相手のために、少し言葉や態度を選ぶことができるはずです。あなたが、ほんとうに相手を尊重して相手のために歩み寄ろうとしているならば、相手もそのことに気づくはずです。大切な人同士であれば、互いに歩み寄ることが可能なはずです。

相手がどう感じるかよりも、自分が相手にどう思われたいか、相手が自分のことをどう感じるべきかを相手にぶつけるのがモラハラパーソナリティです。そのための話し合いは歩み寄りでははありません。

「そんなことで傷つくなんて君のとらえ方がおかしい。考えすぎだ」とあなたが相手を説得すると、相手が「そうなのかもしれない」と納得したように見え、その場は一見おさまったように見えることもあるかもしれません。でも、互いに、相手と自分の違いを知ろうとしていなければ、やはりこれから先も同じような傷つけ合いが繰り返されるでしょう。

「私はあなたに傷つけられた」と言われたら、あなたと相手の感覚、世界が違うということにまず思いを巡らせ、お互いの世界を知ろうとしてください。その上で、感覚や世界が違う相手と、自分がこの先どうしたいのかを見つめてください。

そして、思いがけないことで傷ついたと伝えてくる相手に対し、たとえ相手の考えすぎだと感じたとしても、「傷つく君が悪い、おかしい」と相手を責めることは、相手の感じ方を全否定してしまうこと、相手にこれまで生きてきた世界、価値観、感覚を棄てろということになってしまうことを知ってください。もちろん、あなたも価値観を捨てる必要はありません。ただ、相手には相手の世界があり、自分には自分の世界がある。そして、相手と関係を続けていくならば、違いをまぜあわせながら新しい二人の世界を作っていく必要があるのです。

小学校の時に学んだ、ふたつの円が重なり合う「集合」の図形を思い浮かべてください。重なっていない部分がそれぞれにあり、重なった部分があるのが集合の図です。人と人との関わりは、まさにあの集合の図です。重なった部分が新しい二人の世界です。

モラハラパーソナリティの場合、相手の自分と重なっていない部分を認めません。互いが重なっているという関係でもありません。相手にすべてを捨てさせ、自分の円に取り込み、同化させてしまうのが、モラハラパーソナリティの世界、モラハラ環境なのです。

加害者と呼ばれてしまったあなたは、まず、傷ついたと言う相手の世界を知ろうとしてください。そして、自分の世界を押しつけるのではなく、伝えてみてください。伝え方がわからなければ、「わからない」と言ってもいいのです。「でも、伝えたいと思っている」と言えばいいのです。そのとき、夫婦関係で、相手が出ていってしまって（別居して）いるのであれば、伝え方が見つかり、伝えることによって相手が帰ってこようと思うまで、あなたは待たなければなりません。相手は相当の覚悟をしていることを知ってください。

加害者と呼ばれ、傷つけられたと伝えられ、あなた自身も傷ついたことでしょう。「そんなことで傷ついたなんて」「自分のことをモラハラと言うなんて」と思ったことでしょう。

それでもあなたは、傷ついたことを受け止めようと、「自分にちゃんと向き合うから」「モラハラなんてものはしないから」と、相手に言いました。にもかかわらず自分から離れようとするパートナーに、「自分を信じてくれないのか」「モラハラなんていう言葉に踊らされているのはあなたの方ではないのか」「あなたの方が酷いのではないか」と感じるかもしれません。しかし、あなたを信じるか信じないかも、相手が決めることなのです。傷つけられたという記憶は、消えることはありません。許すか許さないかは、傷つけられた人が決めることです。

相手が自分を信じてくれないのではなく、信じてもらうためには、どうしたらいいのかを考えてください。あなたが意図していないことで傷ついたと伝える相手に対して、どんなふうな態度をとっていくかはあなたが決めることです。例え、相手が傷つくほどのことではないことで傷ついていると思っていても、それが確かだとしても、それが相手の感性です。相手の感性を受け止め、それを理解しながら、相手が傷つくであろうことを控えていく。傷ついた相手の心をほぐしていく。傷つく必要は無いのだと伝えていく。加害者と呼ばれた人はそれをしていく必要があります。そして大切なのは、「モラハラをやめる、しない！」と宣言することではなく、互いを知ろうとすることです。「モラハラだ」と言われたことで、もしかすると、あなたは初めて相手の感性を知ることになったのかもしれません。そうしたあなたの知らなかった感性を持った相手と、新しい信頼関係を作っていけるかどうかです。

そして、それは被害者、加害者いずれか片側だけではできないことです。

お互いが共に生きていくことを選んだならば、傷つけ合った過去を消し去ろうとするのではなく、傷つけ合ったことから気づいたことを活かしながら、この先、新しい信頼関係を作ろう、そんな覚悟を双方が持たなければなりません。

もし片方が、これからの関係を築けないと判断すれば、つらい宣告ですが、もう無理なのです。人間関係とは双方向のものなのですから。

あなたが、相手との感性や生きてきた環境の異なりを理解しようと努め、自分は傷つかないようなことでも相手が傷つくのだと知り、心の底から信頼関係を取り戻したいと思ったならば、それは相手にも伝わるはずです。そして相手も、あなたとの生きてきた環境や感性の異なりに気づき、傷つく度合が軽くなってもくるでしょう。しかし、傷つけ合ったことは決して忘れません。その上に、この先の関係を作っていくということを知っていてください。双方が、新しい信頼関係を作り上げたいと思うならば、相手と初めて出会い、そこから関係が作られていったように、被害者、加害者と呼ばれた関係の上に、新しい関係を作っていくということなのです。モラハラであると言われた瞬間は、これまで自分の知らなかった相手の感性との出会いだととらえてみてください。

モラハラパーソナリティは、離れようとする被害者に「自分が変わる、改めるといっているのに、それでも離れるというのか」「(子どものいる夫婦の場合) 家族をバラバラにして、子どもがかわいそうだと思わないのか」と責めます。それこそ、人間関係が双方向性のものであるということを無視しているといえるでしょう。相手は「今のあなたと生活をともにすること、そして、あなたと子育てをすることは難しい」と考えているからこそ帰ってこないのです。その現実を受け止めてください。

相手は「今はまだ、あなたと新しい世界を築いていく、信頼関係を取り戻していく自信が持てない」と言うことです。そして、その自信をそぎ落としたのも、あなたの態度（モラハラ攻撃）なのです。

「赤ずきん」（キャサリン・ハードウィック監督、二〇一一年）というハリウッド映画で、狼男になってしまった青年が、自分が愛する女性と子どもを傷つけない距離を保ちながら、狼男に変身しない時期にだけ接して彼女たちを見守っていくというラストシーンが描かれていました（解釈にはいろいろあるようですが）。

相手と一旦距離を取り、そして映画「赤ずきん」の青年のように、見守り続けるという方法もあります。本当に相手が大切であり、自分が傷つけたということを受け止めているならば、相手の心を尊重し、見守り続けることもできるはずです。

いったん離れていたとしても、新しい信頼関係を築けると双方が思えば、再びともに生きる道を選ぶこともあり得るのです。

言葉のボール

モラルハラスメントという言葉で、私がもっとも主張したいのは、誰が加害者であり、誰が被害者であるかをジャッジするのではなく、その言葉を自分の気づきに繋げていき、自分のこの先の生き方に活かしていくことが大切だ、と言うことです。

相手との関係を維持することを選んだ被害者であれ、加害者であれ、1章の「言葉を転がす」（59頁〜）でも述べたように、相手に「わかれ！」「変われ！」と自分の世界を押しつけることは、モラハラ問題の解消にはつながりません。

自分の思いや世界を相手にわかってもらえないことは確かに切ないことではあります。しかし、「相手に自分の世界をわかるべき、わからせなければいけない」と、あなたがもし思っているならば、「相手と自分の世界がひとつになるべきと思い始めている」ともいえるのではないでしょうか。

相手には相手の世界があります。そして、相手があなたを理解しなくても、あなたの世界が崩れ去るわけではありません。

重なり合う部分を、双方で作り上げていけるかどうかが大切です。

被害者が、「自分がどれだけ傷ついたか理解するべき、改めるべき」と相手に迫ることは、ある種、モラハラ的行動につながっていきます。たとえ相手の世界がモラハラであっても、相手がそれを捨てようと思わない限り、変わるべき、攻めるべきと強いることは、相手に自分の世界を押しつけていることになるのです。

しかし、だからといって、自分の思いを一切伝えないということも、あなたの心にしこりを残していくでしょう。

「自分のパートナーがモラハラかもしれない」「モラハラ行動を自分にしている」と感じたとき、伝えることを一切やめてしまうと、あなたのなかの伝えたかった思いは心の底でマグマのように蓄積していきます。また、「伝えればわかってくれたかも」「モラハラパーソナリティではなかったかもしれない」と、後になって思い悩むこともあるかもしれません。

モラハラパーソナリティであれば、どれだけあなたの思いを伝えても無駄です。ますますモラハラがエスカレートする危険性もあるため、伝えても無駄と一般に言われています。

しかし、相手にわからせよう、わかってもらおうと、相手中心の立ち位置で相手に伝えるのではなく、自分自身が後に心にわだかまりを持たないために、自分の思いを伝えて、相手の受けとめ方を見つめることをしてもよい、と私は考えています。

それは、足下にボールを転がして、拾うか拾わないかは相手の選択にゆだねるという方法です。「そんな風に言われたら傷つくわ」「私はこう思うのだけれど」とボールを転がすように、相手に伝えます。相手が拾わなければ、また、そのことによって更に攻撃してくれば、「ああ、やっぱりな」と思えばいい、拾ったように思えば、しばらく相手を見つめてみればいいのです。

「わかってほしい、変わってほしい。このボールを拾いなさい！　拾わないとだめ！」と躍起になれば、今はまだ手放したくないあなたをそばに置いておくために、「これを拾えばいいのだな」と、モラハラパーソナリティならば、拾ったふりもするでしょう。その場合、そのボールは、あとでポイと捨てられてしまいます。

相手が「拾いたい、拾ってみたい（あなたを理解したい）」と思って拾ったボールでなければ、意味がありません。モラハラパーソナリティが相手では、あなたがどれだけボールを投げても、お互いを理解するためのキャッチボールではなく、まるでドッジボールのようにあなたにぶつけてきたり、「そんなボールなんてあったか？」と、あなたが投げたボールを無視する態度をされて、あなたはますます傷つくことになるでしょう。

「伝えてみたいことを自分のために伝えてみる」そう思って相手の足下に転がせば、あなたも、そのボールの行き先を見守ることができます。そして、この先の人生でキャッチボールをしていける相手かどうか、ゆっくりと見極めていくことができます。

「わかってよ、変わってよ」と相手にボールを投げつけたくなるのは、それだけあなたのなかにマグマがたまっていることでもあり、相手を観察することができない状態であるともいえます。

「変わるべき、わかるべき」と相手を変えようとすることは、たとえ相手がモラハラパーソナリティであっても、自分のイメージ通りに相手を変えようとする、ある種のモラハラと同じです。変わるか変わらないかは相手次第であり、それがモラハラであっても相手の自由なのです。

極言すれば、相手がモラハラパーソナリティであり、モラハラすることで自分を守り続けるという生き方を選んでいるのであれば、それを選ぶ自由、モラハラの世界で生き続ける自由も、相手にはあるのです。

あなたにモラハラの環境を出て行く自由があるのと同じことなのです。

追体験は避けること

加害者を糾弾することに力を注ぐあまりに、加害者と呼ばれた人に対して攻撃度が増してしまうことがあります。そのとき、「モラハラ」「モラオ」という言葉が、自分を傷つけた相手、加害者を罰するための言葉のように扱われます。加害者はまるで人間ではないような扱い方さえされることが多々あります。

「モラハラ」という言葉は、加害者を糾弾するための言葉ではなく、被害者自身が自分の状態に気づいていくための言葉であってほしいと常々願っていますが、その気づきが、どうしても加害者を罰する、糾弾するという方向に向かってしまう人が多いのです。

自分がモラハラ被害者であったという気づきは、まず、腹立ちの感情を起こさせます。ですが、腹立ちは表に出せば出すほど、自分で消すことを強く意識しないと、増幅してしまいがちです。

モラハラパーソナリティは、決して自分のモラハラを認めることはありませんので、被害者がどれだけ自分の傷つきを表しても、理解するどころか攻撃を強めてきます。そんなモラハラパーソナリティに怒りをぶつけても無駄と、真の怒りの対象にそれを向けることもかなわなくなります。そのため、心のなかで「怒り」はくすぶり続けます。

「怒り」は、消し方がなかなかわかりにくいものです。こうすれば消えるというものがありません。なるべくなら、怒りのエネルギーは消してしまおうとするよりも、ほかのエネルギーに変えて昇華することが望ましいですが、それも決して簡単ではありません。そんなとき、似たような対象にその「怒り」のエネルギーを向けることをしてしまいます。それは、昇華するのとは程遠いものであり、怒りの経験を繰り返している（追体験している）ことでしかありません。それどころか、その似たような対象からまた新たな怒りを得て、怒りはますます増幅してしまいます。

心が傷ついていると自覚し、そしてその傷がまだ自分の心を揺さぶると知っているならば、意識して追体験を起こしそうな環境から遠ざかる必要があります。

たとえば、モラハラ環境から脱し、自分がモラハラを受けた影響に心がまだ揺さぶられていると知っている被害経験者の「モラハラアンテナ」が、新たな環境（たとえば新しい職場）でビンビン反応しました。

モラハラをする人がいると知り、彼らの攻撃性は彼ら自身の問題であり、彼らの言動のすべてを自分が受け止める必要はないのだと知っていても、まだ心の傷口から血がにじみ出ているときは、なかなか心の反応を制御できません。もしかすると、単にモラハラに似たものに反応しているのかもしれません。しかし、モラハラ的行動にばかり目がいき、苦しくて苦しくてたまらなくなります。思いがけず、かつての傷口も開きます。

パートナーからモラハラを受けて離婚した被害者が、子どもとの生活のために就職した先で、そのアンテナが反応し、傷口がうずいて苦しくても、簡単にやめるという選択はできないでしょう。簡単に転職する人間だと思われたくない、思いたくない、といった気持ちもあるでしょう。そして「仕事を辞めたいと思っている自分が間違っている、弱い人間だ」と自分の感覚に自信が持てないというのもあるでしょう（これは被害者心理の影響も大きいのですが）。

しかし、だらだらと心の傷から血を流しながら踏ん張るのはなぜか、自分に問いかけてみてください。「そこで得たいものがある」「そこでしか得られないものがある」そう思えるなら、苦しいと感じても、モラハラ的な、アンテナがビンビン反応するものはあえて無視する、見ないように努めてください。しかし、それは実際に難しいでしょう。心のゆとりをなくしてしまい、一日中つらかったことばかり思い出してしまうかもしれません。仕事を離れている時間まで、そのつらさに支配されてしまいさえします。

私のカウンセリングルームに来られているクライアントさんのなかにも、職場にモラハラ的な発言をする人がいて、その人にアンテナが反応してつらくてつらくて仕方がないと訴えられる方が少なくありません。

これまで本書で述べてきたように、モラハラ攻撃を受けて手に入れたアンテナは、それをコントロールできるようになるまで、過敏に反応します。モラハラではないものにも反応しますし、モラハラであれば、そのつらさはひとしおです。

アンテナがコントロールできるようになれば、モラハラ的な人がいてもうまく距離を取ったり、その人の言動すべてを受け止めることはなくなっていきますが、それが難しい時期があるのも被害者心理のケア過程です。骨折しているのに、フルマラソンに参加する人はいません。無理して参加すれば再起不能に陥ることさえあるのです。

あなたがそこで得ようとしているものは、本当にそこでしか得られないのか、よく考えてみてください。そこに就職できたのなら、次、就職できるところは必ず見つかります。得るものと失うものをしっかり見つめてください。

私のところに来られたクライアントさんたちは、語ります。

「心の悲鳴に素直になって、辞める選択をして良かった。今は正社員ではないけれど、収入が少し減るけれど、精神的に安心できるというものには変えられません」と。

「自分が無理しない程度に働くことにしたので、今は、仕事がとても楽しいです」と。

もしあなたの心の傷がまだ癒えず、心が血を流し、悲鳴をあげているなら、今は心のケアをするリハビリ期間だととらえて、追体験をしてしまう場からは遠ざかってください。辞めるという選択ができなくても、「今はアンテナが対象に過剰に反応している可能性がある時期だから」と見ない・考えないように努めてください。それができない、壊れそうだと感じたら、そこで無理に頑張らないでください。

職場はあなたが選べるのです。そして元気を取り戻せば、またフルマラソンに参加できます。

支援活動をしようとしている人へ

自分の心の問題を投影して、それを目の前の相手に流し込んでしまうということは、支援者と呼ばれている人たちもしでかします。同じような経験をした人の役に立ちたいと支援活動をしている人、しようとしている人こそ、自分のなかの「被害者心理」を強く意識しておく必要があります。

支援者たちのつくる「加害者プログラム」と呼ばれるもののなかには、加害者に気づきを与えるのではなく、罰する場、とにかくその行動だけをやめさせる場になっているものも多いと指摘され始めています。加害者を人として扱っていないようなものもあるという声が散見されます。「加害者」と呼ばれる人の考え方、価値観を全面的に否定して、矯正しようとしている。それはまるで「加害者」と呼ばれる人をターゲットにしたモラハラを行っているようだ、と。

決して、私は加害者プログラムを否定するわけではありませんが、支援者が自分の心の問題を流し込みがちなもののひとつとして、ここで取り上げさせていただきます。

「こういう行動はモラハラと呼ばれるのだ」「傷つく人がいるのだ」ということを広く知らしめることは大切なことです。しかし、だからといって、モラハラ加害者と呼ばれた人たちを人として扱わない、全否定するという方法では解決しないのではないでしょうか。

確かに、モラハラパーソナリティは変わらないと言われています。モラハラパーソナリティは「カウンセリングに通った」ことを武器にして、「自分は変わろうとしたのに、おまえはなんだ！」と被害者を責めるということもあります。そういう人たちを変えようとするには、多少荒療治も必要だということなのでしょう。

しかし、モラハラ「加害者」が変わらないならば、そもそも加害者プログラムの意味は何でしょう。マインドコントロールでしょうか。

かつて被害者であった人たちも、モラハラ的な行動をしてしまうことがあると、本書で何度も述べてきました。そして、自分のそうした側面に気づくことができ、その気づきをこの先の自分の人生を形作っていくためのひとつの材料とし、自分を客観視し続けることができるならば、その人はモラハラパーソナリティではない、と。

自分で気づき、自分で行動を作っていくことこそが大切であり、誰かに行動を強制されてモラハラが「治る」というものではありません。

自分の言動に気づき、大切な人を傷つけたくないと考えて加害者プログラムに参加する人に、矯正的、コントロール的関わりをすることは、「気づき」を硬化させてしまうことになりかねません。被害者が加害者化している人であるならば、その人の本来の傷を悪化させることにもつながりかねません。

加害者と呼ばれた人であれ、被害者であれ、私はその人が自分に気づきを得たいと思えば、矯正的なプログラムではなく、普通のカウンセリングで良いと考えています。ただし、カウンセリングは、自分で利用したい、自分を見つめたいと思わない限り効果はありません。自分を見つめる作業は、これまでそれを一切してこなかったモラハラパーソナリティにとっては、予想以上に辛い作業になり、それを成し得るには本人の強い意思が必要だからです。カウンセリングを使いたいと思っていない加害者と呼ばれた人に、「カウンセリングを受けなさい」あるいは「受けてください」と言うこと自体、意味がないと思っています。それこそモラハラパーソナリティであれば、前述したように、この先の攻撃や自分の正当化のために受けたことを利用するだけです。

「あなたはモラハラをしている」と言われた人が、何かに気づきたいと思ったとき、普通のカウンセリングを使うというのが、もっとも自然な形なのではないでしょうか。クライアントが加害者であれ、被害者であれ、カウンセラーは、その人の向かっていきたい方向にサポートしていくための技術を当たり前に身につけているはずです。

前述したようなコントロール的「加害者プログラム」は、「支援者がイメージしている、あるいは被害者が望んでいる形に相手を変えてしまおうとするモラハラをしている」と言っても言い過ぎではありません。

被害者は被害者の気づきにより、自分の人生を自分で決めていく。加害者と呼ばれた人もまた自分の気づきにより、自分の人生を決めていくのです。誰にも、生き方を強制することはできません。それが、例えモラハラであってもです。

加害者プログラムに参加することをパートナーに望む被害者は「相手が変わってくれさえすれば、あるいは相手がわかってくれさえすれば」と相手次第の視点を捨て切れていないのではないでしょうか。

自分がまだ、相手と離れられないのであれば、そうしたプログラムやカウンセリングの結果がどうであれ、いつでも離れられる準備をしておく必要があります。そして、そうしたプログラムやカウンセリングを受けた後のパートナーが「自分は変わった」「反省した」と言ったとしても、実は、それは被害者には何の関係もありません。そのことに左右されることなく、自分が相手をどう感じるか、その相手とどうしたいかを決めていくことが大切なのです。

加害者と呼ばれた人も、自分が変わった、反省したということは、相手には関係ないと言うことを知っていなければなりません。

要は、初めて出会ったときにこの人と結婚しようと思った時のように、その後、新しく信頼関係や愛情を育んでいけるかどうか、なのです。

ピアカウンセリングとは

ピアカウンセリングという言葉があります。同じような経験をした人、同じ悩みを持つ人が仲間同士で相談に乗り、援助し合うというものです。同じ経験をしている人の力になりたい、自分と似たような経験をしている人を助けたい、そう思うことはとてもすばらしいことです。しかしそのなかには、目の前の被害者を、被害を受けていた当時の自分に置き換えて、自分の感情処理をする人たちがいます。それは、被害者を通して見えるモラハラパーソナリティを責めたり、まだ離れる意思を持てていない被害者を離れるように強くすすめたりといったものですが、そうすることによりモラハラから離れる感覚を繰り返し疑似体験（追体験）し続けたり、自分の相手を責める代替行為をし続けるのです。かつて自分のとった選択が正しかったのだと納得させるかのように、被害者に助言をします。もしそれに従わなかったり、被害者がイメージ通りの行動をしなければ、落胆を示したり、相手を叱りつけたりさえするのです。

モラハラは第三者には理解されにくい複雑なものでもあるため、同じような経験をした人だからこそわかるという側面は確かに強く、ピアカウンセリングの存在は重要です。自分と同じような経験をしている人を助けたいと、そうした場に進んで参加される方もたくさんいます。しかし、自分自身の心の傷がまだ癒えていない状態だと、そうした場で感覚を追体験することによって、自分の心の傷を深めたり、必要以上にのめりこんだりしてしまいます。傷が癒えていない時期こそ、支援活動に過剰なまでに夢中になってしまいがちなのです。支援活動に対し過剰に没頭する人は、モラハラに執着し続けているともいえるでしょう。

かつて被害者であった人が支援活動をする場合、目の前にいる被害者と向き合う時に、自らの経験や感情を切り離せるようにならないと危険です。どれだけ似たような状況にあったとしても、被害者と自分の経験は全く異なるものだと理解した上で、被害者の言葉を聞けるようになっていないと危険なのです。

一旦モラハラから距離を置いて、被害者としての心のケアをし、自分のモラハラ体験を客観的に見られるようになってからでないと、支援活動は自己満足で終わるだけでなく、その心の揺れが目の前の被害者に影響を与え、モラハラの渦にさらに巻き込んでしまうことになります。

しかし、「自分の心の状態を常に意識しながら、ピアカウンセリングという作業を自分のために使っている」といった自覚のある人ならば、支援対象者、そして自分自身にとっても良い効果をもたらせるとは思います。ピアカウンセリングという作業は、双方が支援しあっている関係です。支援者と見える側だけが支援しているわけではありません。支援という作業によって同時に、自分自身を整理したり、元気や自信をもらったりしている被支援者でもあることを認識している必要があります。

同じような経験をした人を支援する作業では、必ず追体験を伴います。追体験の影響から来る自分の言動を常に自覚できるようにしておかねばなりません。そして、その言動が支援対象者にも影響を与えることを必ず知っていてください。

被害渦中にいる人とやりとりをすることによって、自分が誰かを助けている、助けなければと強く思いすぎている自分に気づいたら、支援活動から少し距離を置く必要があるかもしれません。

自分とモラハラという問題との距離感を保ってください。距離感があってこそ自分自身のかつての問題を支援活動を通して客観的に整理していくことが出来、自分にとってもプラスになるのです。距離感がない、または近すぎると、その活動は追体験のみで終わり、ますます自分自身が見えなくなってしまいます。

自分と同じような経験をしている人を助けたいと思って参加する多くの被害経験者は、いずれ、そうしたピアカウンセリング活動から自然と卒業していきます。それは、新しい自分の世界を持ち始めるため、自然にモラハラから遠ざかっていくからです。自然体で、経験者ゆえの「もしかして」という気づきから、被害渦中の人に勇気が出てくるような言葉かけをすることで、似たような人を助けるという立ち位置に移行していくからです。いつまでもモラハラ問題の間近に立って、モラハラにとらわれ、モラハラのことばかり考えるということからは、自然に遠ざかっていきます。

しかし、その時期が来るまで、どうしても近くにその問題を感じ、その問題に関わってしまうのも被害者心理ゆえということができます。支援活動に関わることで、自分を助けようとする時期が、その人には必要なのでしょう。だからこそなおさら、自分と支援対象者との心の境界を意識し、しっかり保ってください。距離感がとれず、支援対象者との境界が曖昧、また崩れていれば、相手を自分の世界に引きずり込んだり、自分が相手の世界に引きずり込まれたりしてしまいます。いつまでもモラハラを身近に感じ続けることになります。

被害経験者にはモラハラパーソナリティによって破壊された境界を、ゆっくり取り戻していく段階が必要です。被害渦中の人は、その境界が曖昧な状態にあります。被害渦中の人は、指示を求めたり、自分を認めてもらおうとしたりと、あなたのまだ壊れやすい境界に突き進んで来ます。また、まだ境界を取り戻しきっていない支援する側の人が指示的になったりと、境界が曖昧ゆえ、なんらかの力関係が発生し、どちらかがどちらかを利用しようとするアンバランスな関係に陥りやすくなります。

自分たちの状態に気づいた側が、他者の境界に入り込んだり、入られたりすることを阻むように努めなければなりません。比較的ゆとりのある支援する立場の被害経験者が、いち早くこの危うさに気づき、距離を保ってほしいと思います。そのためには被害者心理についてしっかり意識しておくことが大切です。

こうした支援活動に携わるなかで、自分の天職、生きがいだと感じ、それをなりわいにしていく人もいるかもしれません。それならばなおさら、距離感を保ち、境界の重要性をしっかりと念頭に起き、自分を客観視することを強く意識してほしいと思います。

二次被害について考える

モラハラ被害を受けた人たちが、第三者の言動（「あなたにも問題があったのでは」「あなたの気にしすぎではないか」などといった無理解で被害者側を責める言葉）によって更に追いつめられ、心の傷を深めてしまうことについて、「二次被害に遭う」というふうに言われています。

しかし、モラハラ被害者・被害経験者は、その心の傷ゆえに、自分にとって心地よいものしか受け止めない時期があります。

自分に理解を示してくれず、ちょっと耳の痛いことを言われたりすると「二次被害」という言葉を使って、相手を責めてしまう時期があるのです。

もちろん、「二次被害」はあります。そうした言葉を誰が、そしてどんな立場の人が発したか、ということも重要で、発した人の立場、立ち位置によっては社会的問題にしていくことも必要です。

しかし単に、友人が、知人が、という場合、相手があなたを否定しているかどうか、客観性を持ってください。否定されているように思えても、それは単に「わからないだけ」ということが多いのです。

ことモラハラの問題は、経験していない人にはわかりにくいものなのだ、ということを思い出してください。

自分のすべてを理解してもらおう、わかってもらおうとすること事態が無理だと言うことを思い出してください。

わからない人が、的外れな発言をするのも当然と考えてみてください。

被害者心理をケアしきれていない被害者は、「加害者をバッシングしてくれるもの」「自分の行動の指針を強く指し示してくれるもの」「自分の心の傷を無視する手助けをしてくれるもの」を求めがちです。

「二次被害」という言葉を、被害者心理に包まれた心が、心地よくないものを責めるために使っていないか、見つめてみてください。

いつまでも、モラハラ加害者をバッシングするものに出会うとホッとするのは、自分がまだモラハラ環境からさほど遠のいていないためと気づいてください。

自分の行動の指針を強く指し示してくれるものに出会うと安心し、それに従ってしまうのは、まだ、被害者心理に包まれていて、自分でものごとを決めていいと思い切れていないから、ということに気づいてください。

心地よくないものからは、いったん遠のけばいいのです。傷つくことを言われたのに、被害者心理が影響しているのだから、何も言わずに我慢しろ、と言うのではありません。

これまで述べてきたように、「パブロフの犬」のように、瞬発的にわき起こる感情で、反応するべきではないということです。瞬発的に反応し決めつけた心は、その勢いに乗ってなかなかそれを修正しようとはしません。

二次被害に遭った！とわき起こってくる感情を少し抱きしめて、「わかっていない人の言葉では？」と自分に問いかける時間を少し持ってほしいということです。

わかっていない人に言われた言葉に傷つく必要はありません。しかし、わかっていると自負している人、またその上で、支援活動に携わっている人に言われたならば、それは「二次被害」といえるでしょう。

自分の人生を力強く生きる

モラハラ環境でモラハラ攻撃を受け続けることを経験し、自分で気づかないうちに傷だらけになった心は、様々な影響を受けていると述べてきました。

その回復の過程で様々な影響――被害者心理――に気づくことは、つらさを伴います。モラハラの影響で、思いがけない思考（自己卑下感や依存など）を持ってしまっている自分への気づき、衝動的な言動をしてしまったことへの気づき、そのことによって誰かを傷つけたかもしれない気づきはつらいものです。でも、それらをつらいと感じるこの過程こそ、本当の意味での回復過程に役立っているといえるのです。

思い出してください。自分に向き合うつらさから逃げる人たちが、モラハラパーソナリティであるということを。

つらさは、今の自分を破壊してしまうものではありません。つらいと感じることこそ、本来の自分からのメッセージです。本来の自分を知るため、そしてこれからの自分を作り上げていくための材料です。あなたがモラハラパーソナリティであったなら、つらいと感じることはないでしょう。モラハラ経験による心の揺れから離れ、「これからの自分を作り上げたい」と思うからこそ、今、つらいと感じるのです。

あなたはモラハラパーソナリティに出会い、モラハラ環境に縛りつけられていた影響で、人を信じられなくなっているかもしれません。信じようと思っても、怖くてそれができなくなっているかもしれません。

しかし、思い出してください。世のなか、モラハラパーソナリティだけではないということを。そのことをあなたは知っていたはずです。

これまで関わってきた人のなかには、自分と相性の悪い人、苦手な人もいましたね。そして、そういう人たちから遠のいたり、場合によっては関わりを断ちながら、生きてきました。

モラハラパーソナリティは、あなたの人生の最も個人的な領域にやって来て、あなたにひどい攻撃を浴びせたので、あなたの衝撃とダメージは酷かったことでしょう。自分のすべてを破壊されたような気にもなっているでしょう。

しかし、モラハラという言葉に出会い、つらさに気づいたことこそ、あなたが破壊されてはいなかったということです。傷ついた部分は、あなたの力でこれからいくらでも修復していくことが出来ます。その傷さえ、あなたは、これから先の人生の道具として利用していくことができるのです。「気づき」からの行動はあなたが自由に作るのです。

一方で、被害者心理の存在を知り、自分に思いあたりを見つけ、ますます自分が信用できなくなってしまったかもしれません。

被害者心理について知る過程で、ハッとしたり、落ち込んだり、時には「何をいっているのよ」と腹立たしかったり。途中で本を投げ出したくなった人もいたかもしれません。

それでいいと私は思っています。わき起こってきたその気持ちこそ、本来のあなたからのメッセージです。

つらいなあ、いやだなあ、と感じるものからは、いったん距離を取ればいいのです。今の（被害者心理の）感情で、反射的に行動するのではなく、そっと横に置いておく。その横に置いたもののからの気づきを人生のツールとして使う時が、モラハラパーソナリティではないあなたには必ず訪れます。

この本をいやだなあ、と感じて横に置かれたとしても、ふと思い出して、再び手にとり、今、ここを読んでくださっているのであれば、とても嬉しい気持ちです。

そして今、これだけの影響を自分に与えたモラハラパーソナリティに怒りが再燃したかもしれません。しかし、すでにモラハラパーソナリティから離れている人であれば、離れることを選んだ自分を大いに褒めてください。

まだ、モラハラパーソナリティとともにいる人であれば、このような影響を与える相手との将来を考える材料にしてください。

いずれにせよ、気づきを相手に向けるのではなく、自分に向けるようにしてください。そうすることが、気づきを自分のこの先の人生に使う、ということです。モラハラパーソナリティ相手に心血を注ぐのはもうやめて、そのエネルギーを自分のために大いに使ってください。

モラハラ環境で、モラハラという問題に注いできたあなたのエネルギーは膨大です。そのエネルギーを自分のために使いましょう。驚くほど、力強くなった自分に気づくはずです。

モラハラ環境で、まるで修行をしていたかのようです。アニメ「巨人の星」の星飛雄馬が、大リーグボール養成ギブスをつけて鍛えたかのごとく、そして、それを外して大リーグボールを投げたごとくに、あなたのこれから先の人生で、そのエネルギーを自分のために使えば、様々なことを乗り越えられるはずです。

ギブスを外し（モラハラ環境から離れ）、みなぎるエネルギーで、モラハラ環境、そして脱した後の影響から気づいたことを、人生を形作るための道具に利用しながら、あなたの人生を力強く生きてください。気づけたあなたなら、大丈夫です。

人、映画、本、様々な出会いから、人は気づきを得ます。多くの出会いを得ながら、これまでも生きてきました。耳の痛い話からも自分なりの何かを得てきました。「気づき」は、これから先こうありたいと思う自分を作っていくための資料であり道具です。

モラハラ環境での経験からさえも、人は必ず、何かを得ることが出来る。それは、モラハラ環境から遠ざかったとき、自分の人生を生きているときにふんわりとわかるもの。道具にしなければ、と焦る必要もありません。自然体で、ゆっくり歩いてください。

幼い頃の経験を「ああ、思えばこれって……」と感じることがあるように、ああ、あの経験からもそれなりに得るものがあったのだなあと思う日が、必ず来ます。

ふと振り返ったとき、「ああ、こんなにも私は、あの日から歩いてきたのだなあ。こんなにも私は、あのときから変化したのだなあ」と気づくものこそ、ほんものなのではないでしょうか。

あなたは大丈夫です。

モラハラ環境で過ごしてきた影響に気づいても、恐れないでください。自分の言動に違和感や辛さを感じていることに気づくということは、その言動が本来のあなたのものではないということです。どこかでそれをやめたいと思っているのでしょう。

自分の人生は、自分で作っているのだということを思い出し、やめていきたいこと、二度とやらないでおこうというものを自分で選べばいいのです。

そして、こうありたい自分に向かって、これからの人生を自分の手で作っていけばいいのです。誰かの影響で変えられてしまった部分があると気づいたならば、自分自身の力で、それをまた自分の望むように変えていくことができるのですから。

モラハラ攻撃によってもたらされる影響はつらいものです。しかし、気づきさえすれば、いくらでもあなた次第で変えていくことができるのです。

モラルハラスメントとは、人の心をずたずたにし、これほどまでに人に影響を与える本当に恐ろしいものであると言うことはなかなか周知されていません。

ですが、この本を読んでくださっているあなたの身近な人が被害者・被害経験者であるならば、どうか早い回復をと急《せ》かさないでください。元気がない、あなたらしくないと急かさないで、じっくり、ゆっくり本人が自分らしさを取り戻していくのを見守ってほしいと思います。

そして、あなたが被害者・被害経験者であるならば、とても恐ろしい経験をしたけれど、これからはあなた次第の人生を築いていけるのだと心から信じて、何よりもあなた自身の人生を見つめるようにしてください。

モラハラという言葉との出会いは、あなたさえもわかることが出来なかった被害渦中の辛さに気づくためのもの。

そして、そのモラハラ環境で植えつけられた被害者心理に気づくことは、あなた自身の心が「こうありたい自分（こうありたくない自分）」をあなたに伝えている証拠。

最後に、この言葉を贈ります。

「自分の人生を、生きたもの勝ち」

あとがき

私は、多くの被害者とかかわるなかで、被害者の方々に、モラハラパーソナリティのことを知ろうと躍起にならずに、自分のためにエネルギーと時間を費やしてくださいと常々語ってきました。モラハラ環境で傷ついた心にじっくりと向き合って、ケアしてあげてくださいと。

モラルハラスメントという見えない暴力に気づき、モラハラについて知ることはもちろん大切です。まず知ることから始まります。しかし、被害者にとってはその後の、モラハラ環境から脱した後の心のケアの方が実は大切なのです。

心のケアとはいったい何をすればいいのだと思われるでしょう。それは、モラハラという被害を経験して、どんな影響を自分が受けているのか、その影響でどんな行動を自分がとっているかを知ることです。その行動は、本来の自分の生き方やモラルに沿ったものなのかどうか、そして、この先自分はどんな風に生きていきたいのかを知ることです。

そして、知ったことを胸に抱いて、自分の人生を歩くことです。そうすることで、自然とモラハラ問題から遠ざかっていきます。

被害者心理に包まれて、たくさんの失敗もするでしょう。まったく自分に自信が持てなくて、そんな自分を放置したくなったり、誰かに認めてもらうことで自信を取り戻そうとしたり、時には誰かと自分を比べて安心しようとしたりするでしょう。理不尽に誰かを攻撃してしまうということもあるでしょう。そして、そのことにとても驚いたり、落ち込んだりするでしょう。

そうした、被害者心理に包まれている自分に向き合って、「どんな自分になりたいか」を見つけ、それに向けて、貼りついた被害者心理をはがしていく作業は、とてもしんどいものです。ですが、そのしんどさを引き受けることができずに、被害者心理を自分のパーソナリティに取り込んで、固定化させてしまうことを無意識に選んでしまうとき、それは「被害者の加害者化」に向かっていくことになるのです。

そうなると、もう、被害者心理に気づくことはできません。あなたは、いつしかモラハラパーソナリティと呼ばれてしまうかもしれません。

この本を読んで、「ああ、そういうところが私にあるかも。なんとかしたいと、常々悩んでいた」と思った人は、その被害者心理をはがしていくことができる人であり、必ず、本来の自分、いえ、それ以上の新しいこうありたい自分に変わっていくことができるのです。いえ、既にそれを始めている人だといえるでしょう。

加害者のことを知ろうと熱心になるよりも、実は自分の被害者心理に向き合うことが、加害者を知ることの近道です。

長い人生のなかでのほんの一握りの期間、モラハラパーソナリティと共生しただけで、これほどまでに心が影響を受けてしまうのです。確かに、モラハラとはなんて卑劣な暴力なんでしょう。しかしそのことは、これから先の人生で、その影響を再び、自分なりの形に変えていけるという証明でもあります。最も自分に影響を与える存在は自分のはずですから。

どんな経験も、あなたの人生において無駄なものはありません。それを是非証明してください。モラハラの経験をツールとして使えるようになるにはどうすればいいのか、という問いが良く投げかけられます。今を懸命に生きること。自分の人生を生きること。私はそう思っています。

本書の事例は、決して特定の人の話を取り上げたのではなく、これまで関わってきた多くのクライアントさんたちの経験を織り交ぜて書かせて頂きました。この本は、私ひとりで書いたのではなく、私のカウンセリングルームに来てくださっているクライアントさんたちと書いたと私は思っています。クライアントさんとのやりとりのなかで、クライアントさん自身が気づかれたこと、私自身が気づかせていただいたことをこの本にまとめました。

モラハラ問題をきっかけに、私のカウンセリングルームに来られたクライアントさんたち……。モラハラ環境から離れた後も、傷ついた心のケアが大切と考えて、定期的に足を運んでくださるクライアントさんたち……。

モラハラ環境から脱した後の傷ついた心と向き合うのは本当に大変なことです。その大変なことを、カウンセリングという道具を使いながらやってのけた人たちがたくさんいます。

多くの被害者・被害経験者の方と、長い人生の一時期をご一緒させていただくなかで、私は、例えモラルハラスメントという酷い暴力を受けても、自分の人生をしっかり作り上げていくことができるという人の強さを教えていただきました。

そうしたクライアントさんたちと作り上げた一冊です。あなたのお役に立つことができれば幸いです。

この本の執筆に当たり、随分のたうち回りました。被害者心理について書くということは、それを読まれる被害者の心理状態、段階によっては、傷つけてしまうかもしれない……という思いから、筆が進まないことがしょっちゅうでした。

企画が上がってからいろいろあるなかで、なんとか仕上げることが出来てホッとしています。

モラハラ問題とはほんとうに繊細で、モラハラの本質を知らない人には伝わりにくいものであることを、この本を書いている渦中にも頻繁に痛感させられました。

書くのをやめてしまおうか、と何度も思ったそんななか、影ながら励ましてくださった友人、知人、そして執筆していることを知ったクライアントさん。長いこと、しびれを切らさずに待ってくださった、また支援くださったそれぞれの関係者様に、この場を借りて心から感謝申し上げます。無事出版できたのも、皆さまのおかげです。ありがとうございました。

谷本恵美

［著者略歴］
谷本恵美（たにもと・えみ）
心理カウンセラー。産業カウンセラー協会認定・登録カウンセラー。
1991年設立の女性のためのカウンセリングルーム「おーぷんざはーと」主宰。得意分野は女性・子育て・家族問題。スクールカウンセラーとしても活躍。
著書に『カウンセラーが語るモラルハラスメント』（晶文社）がある。
http://www.othpage.com/

モラハラ環境を生きた人たち

2016年6月15日　第1刷発行

著　者　谷本恵美
発行者　宮永 捷
発行所　有限会社 而立書房
東京都千代田区猿楽町2丁目4番2号
電話　03(3291)5589／FAX　03(3292)8782
URL　http://jiritsushobo.co.jp
印　刷　株式会社 スキルプリネット
製　本　有限会社 岩佐

落丁・乱丁本はおとりかえいたします。
© Tanimoto Emi, 2016.
Printed in Japan
ISBN 978-4-88059-396-8　C0011

アンソニー・ギデンズ／松尾精文、松川昭子 訳

1995.7.5 刊
四六判上製
304 頁
定価 2500 円

親密性の変容

ISBN978-4-88059-208-4 C3036

現代社会では、人はつねに自己変革を遂げざるをえない。それゆえに、現在進行中の性革命――女性たちが引き起こしてきた感情革命が、既成の男性中心社会に、いかなる変容をどのような意味でもたらし始めたかを問いかける。

G・アプリーレ／谷口勇、G・ピアッザ 訳

1993.4.25 刊
四六判上製
320 頁
定価 1900 円

愛とは何か　万人の幸福のために

ISBN978-4-88059-174-2 C1011

人を愛するとはどういうことか―。新フロイト派の精神分析学者で臨床医でもある著者は、愛に苦悩している万人のために、その原因、症状、対策、等をイタリア人特有の懇切丁寧さをもって私たちに教示している。

W・パジーニ／谷口勇、G・ピアッザ 訳

1993.3.25 刊
四六判上製
288 頁
定価 1900 円

インティマシー〔親密論〕　愛と性の彼方で

ISBN978-4-88059-192-6 C1011

ジュネーヴ大学の精神医学教授の手になる本書は、エイズ時代の今日、真の人間性とは何かを"インティマシー"を通して平易に解説している。イタリアのベストセラー。「愛の科学シリーズ」の一冊。

マリーア・ベッテッティーニ／谷口伊兵衛、G・ピアッザ 訳

2007.3.25 刊
A5 判上製
144 頁
定価 2500 円

物語 嘘の歴史　オデュッセウスからピノッキオまで

ISBN978-4-88059-335-7 C1010

「真実とは何か」は古来、執拗に追究され、多くの哲学者・宗教家を悩ましてきた。本書は逆に「嘘」とは何かを追究することによって、「真」を照射しようとする意欲的な書である。

ジョゼー・サラマーゴ／谷口伊兵衛 訳

1998.1.25 刊
四六判上製
496 頁
定価 3800 円

修道院回想録

ISBN978-4-88059-251-0 C0097

現代ポルトガル文学の秀作。スペイン・伊・露語に翻訳されて、「エコの『バラの名前』以上にすばらしい」（伊語版）と評されている、現代ポルトガルの古典。著者サラマーゴは 1998 年にノーベル文学賞を受賞。

草間彌生

1989.9.25 刊
四六判上製
240 頁
定価 1500 円

詩集・かくなる憂い

ISBN978-4-88059-131-5 C0092

草間彌生の第一詩集。鋭い感性が、激しく、切なく悶える、ことばの彫刻世界がここにある。あの独特の草間の美意識と存在のコアを赤裸々に示す、草間ファン必読の書だ。